PLAIDOYER

DE Mᵉ BATTUR,

AVOCAT A LA COUR ROYALE DE PARIS,

POUR

M. BRUTUS PATRIARCHE,

EX-SOUS-OFFICIER DE LA GARDE ROYALE, IMPLIQUÉ DANS L'AFFAIRE
DE LA RUE DES PROUVAIRES.

PARIS.

IMPRIMERIE DE AUGUSTE AUFFRAY,

PASSAGE DU CAIRE, N. 54.

1832.

PLAIDOYER

POUR

M. PATRIARCHE.

Messieurs les Jurés.

Dans cette cause, je n'ai pas seulement à défendre la tête et la liberté d'un citoyen ; mais les fondements même de la morale publique et de la sécurité des gouvernements : si des questions graves et brûlantes sont abordées par moi, c'est qu'elles seront sorties des entrailles même de cette affaire ; car telle est la position que l'on a faite à Patriarche, que la défense de cet ancien sous-officier de l'ex garde royale, offre de ces points de vues élevés et généraux où l'on est forcé d'aller chercher la solution des charges portées contre lui. Je dois au surplus m'en féliciter ; car en me renfermant dans la discussion des principes et des faits relatifs à Patriarche, j'aurai la douce satisfaction d'en faire sortir d'une manière éclatante non-seulement sa justification, mais celle de ses compagnons d'infortune.

Si j'avais à le défendre devant une de ces commissions exceptionnelles qui apparaissent aux temps de despotisme et de barbarie révolutionnaire; qui, sans scrupule sur le choix des preuves, s'estiment heureuses d'immoler à leurs passions ou à celles de leurs maîtres les principes mêmes de la certitude et de l'honneur; qui font des débats judiciaires une arène où la ruse, la surprise et l'infamie sont de bonne guerre, où la qualité des documents importe peu, pourvu qu'ils servent à improviser des victimes; qui substituent au droit la violence et l'opiniâtreté de leurs préventions personnelles, et croient avoir affermi les factions dont ils sont des instruments aveugles, par cette servilité même qui les ruine et les déshonore; si j'avais à lutter contre de tels hommes, je ne reculerais point sans doute devant les difficultés de ma mission; je la remplirais avec d'autant plus de courage que j'aurais moins d'espoir, et après m'être acquitté envers Patriarche de ce devoir, je lui dirais : « Homme généreux et brave, votre fidélité à des principes honorables, votre dévouement à des maîtres que vous n'avez pas su trahir, vous sont imputés à crime : ni votre grandeur d'âme qui, dans ces débats, a excité l'admiration publique; ni le sang que vous avez versé dans tant de campagnes pour cette patrie que l'on vous accuse de trahir; ni cette ardente humanité qui ne vous laisse voir dans les discordes civiles que des victimes à soulager et jamais des ennemis à combattre; ni votre glorieuse misère au milieu des intrigues cupides où l'on vous enveloppe, ni votre déchirante position comme mari et comme père, ni votre loyauté comme citoyen n'ont pu désarmer vos juges. Recueillez votre courage et les forces de votre âme élevée. Il est de ces crises politiques où l'innocence et la vertu ne pèsent plus dans la balance de la justice humaine ; mais ces crises passent comme un orage, et la justice éternelle venge tôt ou tard l'innocent et le faible opprimé. Consolez-vous, Patriarche, la mort ou la perte de la liberté, quand on la doit à de telles causes, devient un titre de gloire, et la palme du martyre est mille fois préférable au triomphe de vos accusateurs !! »

Mais grâces au ciel, j'ai l'honneur de parler à des hommes ! à des concitoyens intégres et loyaux, dont l'âme noble, avide d'honneur et de justice a déjà saisi toutes les moralités de cette cause, et dont il me suffira de résumer les souvenirs et les inpirations ; heureux comme moi de découvrir de ces principes qui, sans nuire à ce qu'ils doivent à leur conscience, assurent d'autant mieux le règne des lois, la concorde et le repos du pays.

En effet, Messieurs les Jurés, institués pour réprimer les passions mauvaises, pour venger la morale, pour rendre un hommage public à la vérité, et pour faire prévaloir par elle l'empire de la loi sur les erreurs, les faiblesses et la méchanceté des hommes, votre mission est tout à la fois philosophique, morale et politique. Elle a pour objet de substituer à la haine des accusateurs le calme d'un examen conciencieux, à l'exaltation des partis qui demandent des victimes, une appréciation juste des pensées, des intentions et des faits dans leurs rapports avec l'ordre social. Votre mission a pour but de déployer le véritable esprit de la loi criminelle, destinée à conserver bien plus qu'à punir, dans cet océan de doutes et d'incertitudes où il est si difficile de signaler et de qualifier la pensée et l'action humaine ; de régler et d'assurer la saine application de cette loi en appréciant et en fixant vous même la véritable nature des faits. Libres alors de cette liberté sublime qui impose silence aux passions, qui domine les préventions et les haines, la voix discrétionnaire de votre conscience change en livre de vie le livre muet de la loi; elle marque la limite qui sépare le crime de l'erreur, la méchanceté de la faiblesse, la vérité de la légéreté et de l'indiscrétion, la preuve du doute, la publicité d'une ténébreuse inquisition, la morale de l'arbitraire, la liberté du despotisme, l'honneur de la corruption, et les principes qui font vivre les sociétés humaines de ces élémens impurs qui les détruisent, qui énivrent le pouvoir du vain orgueil de sa force, et le tuent en le déshonorant.

Magnifique mission, MM. les jurés, qui place votre institution au-dessus de toutes les autres, puisqu'en élevant les lois à la hauteur de votre âme et de votre conscience, votre magistrature devient le fanal de l'opinion publique et un port contre tous les excès!!!

Mais c'est surtout au milieu des crises politiques qu'éclate la haute utilité de vos fonctions : vous arrêtez au seuil de la justice les réactions toujours prêtes à le franchir; vous repoussez loin de son sanctuaire la haine qui s'attache à sa victime, et la délation qui vient gagner son salaire; vous rétablissez la confiance aux lois, la religion de l'honneur, le respect de la morale que l'espionnage et la délation détruisent; vous ressuscitez cette force sociale et cet amour de l'ordre que les conspirations épiées, provoquées et encouragées par un pouvoir ombrageux affaiblissent et éteignent; vous rendez à la police judiciaire toute sa pureté, en la dégageant des élémens qui la corrompent et l'égarent; et votre magistrature, formant une sainte ligue avec les TRIBUNAUX ORDINAIRES, courageux dépositaires des lois, assure à la société ce repos fondé sur les mœurs qui fait sa force, mais qui n'a rien de commun avec cette paix menteuse que lui imposent les visites domiciliaires multipliées, les inquisitions domestiques, les arrestations arbitraires et le monopole de la police et des passions.

MM. les jurés, vous ne devez pas perdre un instant de vue cet objet de votre mission, dans l'examen de cette affaire. Je ne saurais trop insister sur ce point, en matière de complots et de délits politiques; et avant d'aborder la discussion de faits relatifs à Patriarche, il est indispensable que j'approfondisse ce droit d'appréciation qui vous appartient, le mode de son application aux accusations de cette nature, et le caractère même de ces accusations et de leur preuve.

La loi du 8 octobre 1830, en vous appelant à les juger, vous a nécessairement laissé toute latitude pour l'appréciation de ces faits. Qu'un vol, qu'un assassinat soient commis, vous n'avez qu'à prononcer sur des faits matériels, car on ne peut faire qu'un vol ne soit point un vol, qu'un assassinat ne soit point un assassinat. Mais des écrits, des paroles et des faits qui se rapportent à la politique et aux passions révolutionnaires ou contre-révolutionnaires, sont susceptibles en eux-mêmes et dans leurs rapports extérieurs de tant d'interprétations diverses, qu'il y aurait folie à vous renfermer pour leur appréciation dans un texte de loi.

C'est ainsi, messieurs, que les faits de juillet 1830, nés de mesures exceptionnelles et d'une cause vraie ou fausse d'irritation populaire, n'auraient pu être appréciés par des jurés de la même manière que des attentats commis dans des temps ordinaires et calmes, si l'autorité royale eût recouvré son empire. C'est ainsi que les faits qui ont éclaté à Lyon en novembre 1831 et qui ont teint de sang français les deux fleuves qui baignent cette cité, n'ont pu être appréciés par la justice et par des jurés comme constituant un complot, des attentats et des crimes ordinaires. Il en est de même des faits qui plus tard se sont passés à Grenoble et sur d'autres points de la France. Il en est de même des troubles de l'Ouest, que l'on n'a pas craint de vous présenter comme le résultat d'une conspiration, mais qui, dans la réalité, tiennent à des causes en litige entre le gouvernement et ces populations, et dont l'explosion irritante, produisant de part et d'autre de funestes représailles, ne peut, sans injustice, être assimilée par des jurés au résultat d'un complot ou à des crimes communs. Il en est de même enfin des malheureux événemens des 5 et 6 juin 1832 : il y aurait, j'ose le dire, une injustice cruelle à les apprécier de la même manière que des meurtres ou des crimes prémédités; et c'est ici que se manifeste la nécessité de votre droit d'appréciation ; car vous avez entendu le ministère public lier ces événemens à des faits d'une nature tout à fait opposée, par l'effet de cette préoccupation d'une conspiration carlo-républicaine ou républico-carliste, qui semble ne pas quitter le gouvernement.

A notre tour, messieurs, nous avons donc le droit de fouiller nous-mêmes dans les secrètes pensées du pouvoir, et de découvrir les motifs qui le portent à d'aussi étranges interprétations des faits politiques. Nous avons le droit de nous demander pourquoi, contre la vérité manifeste des faits, on s'obstine à voir une alliance entre les républicains et les carlistes, que l'infini sépare; pourquoi l'on s'est empressé de proclamer cette ligue lors des troubles des 5 et 6 juin, bien qu'on n'ignorât pas qu'on n'y eût pas vu la trace d'un carliste ? Pourquoi cette accusation d'une telle ligue renouvelée au frontispice de tous les actes d'accusation et notamment de celui qui a traduit tant de prévenus sur ces bancs? Pourquoi enfin ce besoin de former un vaste système de tous les désordres que la force des choses fait éclater sur les divers points de la France, et de rattacher ce système à un complot formé de deux élémens contraires?... La pensée du pouvoir est facile à deviner, et nous dirons au jury français, juge naturel de ce débat, et auquel pour en finir on avait voulu substituer des commissions militaires : le pouvoir a un intérêt immense à faire croire à ce mensonge; c'est d'abord de paraître fort aux yeux de l'étranger et de lui persuader qu'il a écrasé d'un seul coup deux factions réduites à conspirer; c'est ensuite de flétrir des convictions généreuses, de répandre sur elles les odieuses couleurs de l'intrigue, d'en faire les boucs émissaires de ses fautes multipliées, et de couvrir les malheurs de sa marche étroite et exceptionnelle, du semblant de l'unanimité nationale. Voilà, messieurs, ce qu'en vertu de votre qualité d'arbitres politiques entre le pouvoir et les citoyens nous avons le droit de vous dire; et quand la loi ne vous autoriserait point à juger entre lui et nous, vous seriez placés, par l'éclatant démenti que les faits donnent à ses assertions, dans la nécessité de le faire.

Une réflexion servira à confirmer le principe que je viens d'énoncer. Je suppose que les faits de Lyon se fussent passés à Paris; que l'excessive misère et le désespoir eussent mis les armes à la main des ouvriers de cette capitale, et que les insurgés se fussent emparés un ou plusieurs jours de Paris, du siége du gouvernement; avec quel avantage l'accusation n'aurait-elle pas pu s'en emparer pour établir qu'ils étaient les résultats d'une conspiration ; et cependant rien n'eût été plus faux, car il est bien constant que les troubles de Lyon n'avaient aucun caractère politique : donc, MM. les jurés, vous n'êtes point enchaînés par la matérialité des faits, mais ces crises sociales élèvent votre mission à une hauteur telle que vous puissiez en être les arbitres.

Ainsi, qu'il y ait eu effervescence, entraînement de la part de divers hommes ; qu'ils se soient armés et réunis sur des ouï-dires ou sur le bruit d'un mouvement ; il ne s'ensuit pas qu'il y ait eu un dessein concerté pour renverser le gouvernement, ou du moins il faut apprécier ces faits de toutes les manières possibles pour être juste, et ne pas les considérer comme caractéristiques d'une attaque contre le gouvernement ou exclusifs de toute autre idée.

Le principe que je viens de poser, que vous êtes appréciateurs des faits politiques, s'applique pareillement à la définition du complot en lui-même, car il est évident que toutes les conceptions folles, toutes les tentatives extravagantes ne peuvent point être considérées comme des complots ou des attentats tendant à renverser le gouvernement ou à exciter la guerre civile. Dans l'ordre des délits ordinaires, il ne serait pas soutenable de prétendre que, sans crime commis, sans corps de délit certain, on pût regarder comme une tentative d'homicide la circonstance d'un homme irrité, armé d'un bâton ou d'un couteau, ou même d'un pistolet. Car il faut qu'il y ait rapport nécessaire entre une circonstance et l'imputation d'un crime, et proportion entre le moyen et la fin. Par la même raison, il ne suffit pas que l'on croie remarquer le dessein en cohue d'envahir le château des Tuileries, d'enlever les principaux postes, de renverser le gouvernement, etc,

Il faut une vraisemblance quelconque dans les moyens d'exécution, dans le nombre des armes, les forces réunies et le but. Que l'on rencontre, par exemple, dans un temps de misère et d'effervescence vingt-deux hommes armés dans un lieu, et que l'un de ces hommes déclare qu'il veut s'emparer du château, on verra là ou vingt-deux fous ou vingt-deux hommes qui se mentent à eux-mêmes sur leur projet, et qui n'ont point d'intention sérieuse et réelle.

Je ne propose ces exemples, messieurs, que pour mettre hors de doute le principe de votre droit d'appréciation en matière politique; je l'appliquerai ensuite à la cause. Car c'est précisément parce qu'on base une accusation politique sur des faits, qu'il faut apprécier ces faits dans le sens d'une vraisemblance ou d'une possibilité politique. Vous n'avez plus à former votre conviction ni à vous expliquer purement et simplement sur la matérialité des faits, mais vous êtes dans l'obligation de les classer pour les réduire à leur juste valeur.

Un autre principe non moins certain et non moins important, qui se lie à celui-ci et en est la conséquence, tient à la nature même du complot et à sa place dans l'ordre des crimes politiques. Il faut, avant tout, envisager la qualité des causes efficientes du complot, c'est-à-dire des causes qui le produisent, et si ces causes ne peuvent se rencontrer dans l'espèce, il ne saurait y avoir certitude morale d'un complot, car il n'existe point d'effet sans cause.

Or, entendons sur ce point un publiciste que Montesquieu a appelé un grand homme, celui qui est entré le plus avant dans le cœur humain, dans les causes des événemens et dans les secrets de la conduite des empires : Machiavel, dans le 3ᵉ livre de ses *Discours*.

sur Tite-Live, dit : « En laissant de côté les attentats po-
» litiques qui s'exécutent par une seule volonté et par
» un seul bras, on ne trouve pas dans l'histoire un seul
» complot ou conjuration nécessitant l'accession de
» plusieurs, qui n'ait été conçu, combiné et exécuté
» par les grands, par ces princes qui vivaient dans
» l'intimité et la familiarité du monarque ; les autres
» hommes, s'ils ne sont absolument fous ne peuvent
» conspirer, parce que faibles par eux-mêmes, et n'é-
» tant point admis dans l'intimité du prince, ils man-
» quent de toutes les ressources et de toutes les espé-
» rances requises pour l'exécution d'un complot. Ils ne
» peuvent compenser la grandeur des périls par celle
» des avantages; ils ne peuvent avoir eux et leurs ad-
» hérens que la perspective d'un dénonciateur et d'un
» accusateur, et quand-ils leur manqueraient, ils sont
» entourés, quant à l'exécution, de difficultés telles,
» pour n'avoir pas un accès facile auprès du prince,
» qu'il leur est impossible de n'y pas succomber; car si
» les grands qui conspirent et qui ont cet accès facile
» échouent devant ces difficultés, elle sont sans nom-
» bre et sans mesure pour des conjurés subalternes.
» C'est pourquoi vous voyez que tous ceux qui ont
» conspiré étaient des grands, des hommes puissans
» par leur naissance et leurs richesses. Ce qui les y a
» portés, ce sont ou les trop grands bienfaits dont le
» monarque les avait comblés, ou les trop grandes in-
» jures qu'ils avaient à venger. Tel fut Pérennius à l'é-
» gard de Commode, Plauzien à l'égard de Sévère,
» Séjan à l'égard de Tibère. Ils avaient été comblés par
» leurs maîtres de tels honneurs, de tels titres, de
» tels biens, qu'il leur semblait ne plus rien man-
» quer à la perfection de leur puissance que la couronne

» elle-même, et ne pouvant la souffrir sur la tête de
» leur bienfaiteur, ils se mirent à conspirer contre lui.
» Mais le plus ordinairement leurs complots, alors
» même qu'ils ont réussi, finissent par recevoir le
» châtiment dû à leur ingratitude. »

Ainsi parlait Machiavel qui s'y connaissait, et je ne
sache pas, Messieurs, que les événemens aient depuis
donné un démenti à ses paroles. Mais indépendamment
de cette première difficulté qu'il assimile à une chose
impossible, Machiavel en trouve trois autres inhérentes
1° à la combinaison ; 2° à l'exécution ; 3°. aux suites
du complot. Quant à la première, il la trouve pleine
de périls inévitables à raison des délations et des soupçons ; il est impossible que le secret soit gardé par
trois ou un plus grand nombre, et que l'on puisse impunément faire l'expérience d'hommes que l'on n'a
point encore éprouvés. Joignez-y l'imprudence, l'indiscrétion et la légèreté. Quant à l'exécution, des périls
presque insurmontables naissent du changement d'ordre, de l'absence de ce courage spécial qui souvent
manque aux plus braves, ou des erreurs commises par
les agens de l'exécution. Quant aux suites, les difficultés sont nombreuses, soit par rapport à la famille qu'on
a voulu détrôner, soit par rapport aux intérêts généraux d'une nation dont il n'est pas si facile de faire
justice.

Mais dira-t-on, qu'importent les difficultés ; le
crime du complot n'existe pas moins, quoiqu'il ait été
impossible.

Messieurs, cette manière de raisonner n'est ni juste
ni humaine, ni politique ; et je lui oppose un dilemme
qui n'est pas de moi, mais du grand homme que je
viens de citer. Pour qu'une conspiration pût être le

résultat d'un concours d'hommes subalternes, il faudrait supposer une haine assez générale contre le gouvernement pour opérer un soulèvement populaire. Or, de deux choses l'une : ou le complot est conçu par un petit nombre d'hommes secondaires ou par une impulsion universelle. Dans le premier cas vous ne pourriez frapper la démence ; dans le second vous ne pourriez admettre une haine universelle sans déshonorer le prince. Une folie, une absurdité n'est pas une conspiration, et quant à notre espèce, on ne persuadera à personne que des personnages élevés et capables eussent agi de la sorte ; donc il n'y a point eu de conspiration. Comment voir des conspirateurs là où il ne peut y avoir que des victimes ? Quoi ! les grands conspireront impunément, ils jouiront du fruit de leurs complots, et les petits et les faibles périront dans de prétendues trames qu'il ne leur a pas été donné de former !!!

Si l'argument n'est ni juste ni humain, il est encore moins politique. Le besoin de découvrir des conspirations n'appartient qu'aux gouvernemens faibles ou arbitraires, qui sont sur le penchant de leur ruine : le corps entier de l'histoire le prouve. La première raison, c'est qu'on est involontairement conduit à les provoquer pour le plaisir de les découvrir ; et l'on sait assez que la provocation à un complot factice entraîne souvent un crime réel : témoin l'imprudence de l'empereur Commode, qui, ayant fabriqué une liste de deux chefs prétoriens et de sa favorite, pour les faire passer pour conspirateurs et les perdre, en fut la première victime. La deuxième raison, qui domine toutes les autres, c'est qu'on doit être très-difficile à admettre l'existence d'une conspiration, parce qu'elle tue les gouvernemens ou les déshonore. Entendons cette énergique expression de

Machiavel : « Perchè fata chè la congiura loro contra,
» o la gli ammazza, o la gl' infama. »

Voilà, Messieurs les jurés, le langage de la haute
raison politique ; et celle-là est inséparable de la définition légale du complot. Vainement des hommes aveugles, à passions étroites et mesquines, et sans capacité,
voudraient-ils voir une conjuration dans de sourdes
menées de police, dans quelques démarches indiscrètes,
dans l'expression de quelques vœux, dans l'achat de
quelques armes, dans les courses nocturnes de quelques
imprudens. Votre raison ne doit point s'associer à de
puériles erreurs, ni votre conscience à de téméraires
jugemens. Vous devez tenir plus de compte de la vie,
de la liberté des hommes et de l'honneur des gouvernemens.

Mais que faire, dira-t-on, quand des séditieux s'a-
gitent? Que faire, Messieurs ! Prévenir, calmer, dis-
simuler, et non exciter, irriter, faire éclore une pensée
encore enfouie dans l'âme de quelques insensés, et qui
peut-être n'en serait jamais sortie. On doit aux infati-
gables réclamations de la philantropie d'avoir obtenu
de la puissance législative de faire disparaître de la définition du complot cette résolution abstraite d'agir,
cette pensée toute pure, sans action produite au-dehors.
Les gouvernans opposeront-ils les machinations de leurs
agens au bienfait de cette innovation; et s'emparant du
monopole des passions politiques, s'appliqueront-ils à
provoquer cette action que la saine politique redoute,
et qu'elle voudrait pouvoir prévenir et étouffer avec la
pensée du complot? Ah ! si nous vivons dans une telle
période de dégradation et d'égarement, jettons du moins
les yeux sur les enseignemens de l'histoire, et arrêtons-
nous sur le bord de l'abime..... Disons-le hautement,

il y eut toujours de la faute des gouvernans quand des conspirations se tramèrent ; mais quand ils osèrent les provoquer ou les supposer, quand ils employèrent la calomnie et le mensonge pour en fournir la preuve, il y eut CRIME ABOMINABLE ; car ils se firent les corrupteurs des peuples : il n'y eut plus d'esprit public ni de morale ; plus de confiance, plus de loi commune, plus de liberté, et partant plus de propriété ni de justice ; mais ambition, cupidité, haines basses, intrigues, coteries tyrannie sourde, cessation de la vie politique. Tels furent Rome, le Bas-Empire, Venise, les états despotiques de l'Orient.... Oui, Messieurs, les conspirations remplacèrent toujours la liberté, et elles en supposèrent la perte.

Ce fut alors que l'on vit le despotisme ombrageux encourager la délation et déchirer le voile de pudeur dont la nature a couvert le secret domestique et les affections les plus saintes. L'épouse fut tournée contre l'époux, le frère contre le frère, l'ami contre l'ami ; on vit deux chevaliers romains condamnés à mort pour un songe [1], le fils se porter devant le sénat accusateur de son père et lui demander sa tête ; l'hospitalité changée en piége, la confiance provoquée par des ouvertures qui flattaient les projets et les sentimens d'un Romain, et trahie par des espions apostés pour entendre l'entretien dont le faux ami sollicitait les épanchemens ; les lois devenir personnelles de communes qu'elles étaient, et ne devoir plus leur origine qu'à la violence, au désir de sacrifier des hommes illustres, ou à d'autres motifs également criminels [2] ; la guerre sociale et la guerre

---

[1] Tacite, *Annales*, liv. xi.
[2] Tacite, liv. iii.

civile, la dictature de Sylla, les lois séditieuses de Lé-
pide, le pouvoir devenir la proie des armes, le mépris
des lois et des usages, l'impunité assurée aux plus grands
crimes, aux forfaits les plus éclatans, et le plus souvent
la mort à la vertu; les délateurs intéressés à l'exécution
d'une loi qui ébranlait toutes les fortunes; les éloges
écrits de la vertu malheureuse et de la grandeur déchue
punis comme un crime, et les regrets donnés à la no-
blesse et au courage condamnés par Tibère; la pensée
poursuivie comme ébranlant les bases du pouvoir.....

Qu'ai-je dit, Messieurs? Ne vous semble-t-il pas
avoir vu se dérouler sous vos yeux le tableau de notre
époque? Ne voyons-nous pas aussi de nos jours les domiciles violés, les secrets domestiques fouillés, la confiance,
l'hospitalité, l'amitié même, et jusqu'au secret conjugal
servant d'instrument aux investigations de la police? Ne
voyons-nous pas des dénonciateurs récompensés, des délateurs encouragés, la police tendre des piéges à l'indiscrétion, à la peur et à la misère elle-même, interroger les pensées, les écrits, les fragmens d'écrits, les chansons, les
prophéties, les lettres emblématiques, les acrostiches,
caresser et menacer tour-à-tour; insaisisissable protée,
revêtir tous les costumes et tous les rôles, et se faire elle-
même conspirateur pour qu'il ne soit pas dit que la police
ait manqué aux conspirations, pas plus que les conspirations à la police? N'avons-nous pas vu des mesures
exceptionnelles immoler à des passions haineuses toutes les garanties des citoyens? Le patriotisme, la gloire
et le génie jetés dans une souricière, et mêlés avec le
crime et la prostitution? Ne voyons-nous pas le meurtre,
justifié par les passions politiqeus, devenir à l'ordre du
jour; et comme si les sages élaborations de la justice étaient
trop lentes, l'impatience de découvrir des coupables se

hâter de tirer d'une procédure à peine ébauchée, ou de je ne sais quels lieux secrets, des pièces d'une origine inconnue, pour les jeter tout-à-coup dans des débats où elles ne peuvent avoir ni perfection de preuve, ni poids légal?

Ne voyons-nous pas, par suite de ces déviations, marcher vers des lois circonstancielles et personnelles; et le pouvoir, égaré dans une fausse route, s'effrayer des excès de la liberté là même où l'on n'en fait que le plus innocent usage? Ne voyons-nous pas, dans des contrées désolées, les pères et mères, contraints, sous peine de mort, de livrer leurs enfans aux bourreaux? La propriété et l'agriculture foulées aux pieds, et une aveugle fureur s'en prendre même aux choses de sa haine contre les personnes? Ne voyons-nous pas les violences physiques et morales, la guerre civile s'acclimater chez nous avec la peste, et cette belle France, étonnée de sa chute subite, se demander la cause d'un dépérissement si rapide?...

Ah! Messieurs, les hommes de tous les siècles se ressemblent, malgré la différence des usages et des mœurs; les mêmes causes ramènent éternellement les mêmes effets. Rome, malgré son admirable constitution et la belle organisation d'Auguste, finit par tomber en dissolution par l'effet de ces causes honteuses, et devint la proie des barbares, que ses mœurs et ses institutions avaient, durant plusieurs siècles, repoussés; fasse le Dieu protecteur de la France que notre patrie n'éprouve pas le même sort!!!

C'est à vous, Messieurs, c'est à nous défenseurs des lois et de l'honneur du pays à repousser de toutes les forces de notre âme ces élémens funestes de dissolution et de ruine. Cette affaire nous en offre l'occasion, et notre ministère nous impose le devoir de ne reculer devant aucune vérité salutaire.

Votre raison vous dit qu'il ne saurait y avoir de contradiction entre les considérations que nous venons de vous présenter et le texte et l'esprit du Code qui définit le complot et l'attentat, entre ces lois conservatrices de l'honneur et de la morale des sociétés humaines et le caractère des preuves requises par la justice pour la constatation d'un crime politique.

Hé bien! Messieurs, la jurisprudence et les commentateurs sont d'accord avec votre raison, et nous retrouvons avec bonheur cette harmonie des principes éternels de la morale et des lois, qui forme la base la plus solide des empires.

Si je reviens sur cette doctrine, ce n'est pas qu'elle n'ait été établie avec un remarquable talent par les défenseurs qui m'ont précédé; mais j'ai de nouvelles réflexions à y ajouter et je suis forcé d'en reproduire l'ensemble dans un seul cadre pour faire ressortir toute ma pensée. Comme c'est là qu'est tout le procès, je suis pardonnable d'insister sur une thèse qui, si elle est adoptée par vous, sauve mon client et tous ses co-accusés.

Le complot et l'attentat sont inséparables dans cette cause; il ne saurait y avoir d'attentat s'il n'y a point eu de complot. L'ordre rationnel des idées veut donc que la preuve du complot soit parfaite avant de pouvoir qualifier d'attentats les faits qui se sont passés; on comprend en effet, que sans une pensée commune, sans un lien universel entre tous les prétendus participans au complot, sans un but commun et des moyens arrêtés entre tous, les faits signalés pourraient bien être répréhensibles en eux-mêmes, mais qu'ils ne constitueraient point un attentat contre le gouvernement, ayant pour objet d'armer les citoyens contre l'autorité royale, ou les uns contre les autres.

Et je dois ici réfuter un sophisme produit par l'accusation, qui serait d'autant plus funeste aux accusés, que, présenté avec adresse, il tendrait, Messieurs, à donner une fausse direction à votre examen et à vos résolutions.

L'accusation a prétendu qu'il vous suffisait de reconnaître en général qu'un complot avait eu lieu, et qu'il avait sur un point quelconque été suivi d'un acte tendant à son exécution, pour que vous n'eussiez plus qu'à examiner si les faits particuliers à chaque prévenu pouvaient être considérés comme une participation à ce complot. C'est évidemment là, Messieurs, une pétition de principes de la part de M. l'avocat-général ; c'est substituer une opinion vague, un soupçon aux élémens constitutifs du complot et à leur preuve. Vous devez au contraire examiner si de l'ensemble des faits particuliers aux divers prévenus résulte la preuve qu'ils ont formé, concerté et arrêté entre eux une résolution d'agir ayant pour objet de renverser le gouvernement, et, lorsque cette communauté universelle de résolution vous aura été démontrée, vous aurez à apprécier d'après l'ensemble de la conduite de tous, le point de savoir s'il y a eu des actes commis ou commencés pour parvenir à son exécution. Ne perdez pas de vue que cette simultanéité du complot s'applique nécessairement à l'acte qui, de simple pensée, commence à le transformer en fait ; autrement vous feriez peser sur tous un acte qui peut être étranger à la volonté commune. Ce principe doit être rigoureusement appliqué par vous à vos délibérations sur l'existence du complot et sur la circonstance qui l'aggrave.

D'un autre côté, avec le système d'argumentation de

M. l'avocat-général, relativement à l'attentat, rien au monde ne serait plus facile que de perdre tous les prévenus : il conclut de l'attentat au complot, et prend comme constitutives de l'exécution ou de la tentative qui fait l'attentat des circonstances qui peuvent avoir une interprétation différente, et qui ne sont point le complot mis en action. Il élude la nécessité de cette mise à exécution du complot, en confondant la consommation et les suites du complot avec l'exécution ou la tentative, choses essentiellement différentes. Il faut donc revenir aux principes, et bien préciser l'objet du complot et de l'attentat : l'objet du complot, c'est le renversement du gouvernement ; l'objet de l'attentat, c'est l'action qui tend à ce renversement. Si, pour caractériser l'attentat, des faits intermédiaires pouvaient se placer entre le complot, résolution pure et simple, et l'exécution ou la tentative qui constitue l'attentat (art. 88) ; on rendrait nul le bénéfice de la loi nouvelle qui a voulu que l'attentat ne consistât désormais que dans l'exécution ou la tentative, et non dans un simple acte qui prépare à l'exécution ; on effacerait du Code pénal l'art. 2 qui définit la tentative d'un crime *un commencement d'exécution*. C'est de l'exécution même qu'il s'agit, c'est de la tentative de l'opérer. La raison de ce mode d'interprétation de la loi est sensible : la loi veut unité, solidarité, indivisibilité dans les volontés qui coopèrent au crime ; il faut donc que ces volontés s'appliquent à une résolution commune constituant le complot, à une exécution ou à une tentative commune constituant l'attentat. Des faits divers, préparatoires, ou se rapportant indirectement à cette exécution ou à cette tentative, ne peuvent être considérés comme cette exécution ou cette tentative même, parce qu'ils ne présupposent pas une volonté collective ; l'on ne peut argumenter de ces faits pour en induire le complot. Ce principe d'une volonté commune appliquée à l'attentat doit donc aussi être scrupuleusement appliqué par vous à vos délibérations sur ce chef. Vous ne vous enquerrez donc pas seulement du point de savoir si tel ou tel aurait fait un acte qui pourrait ressembler à une exécution ou à un commencement d'exécution, mais si tous y ont acquiescé.

Il ne s'agit plus ici, remarquez-le bien, d'un acte commis ou commencé pour parvenir à l'exécution, puisque ce n'est plus là ce qui constitue l'attentat, mais de l'exécution ou d'une tentative d'exécution qui caractérise l'attentat (art. 88). L'attentat, ne l'oublions pas, n'est que la mise à exécution du complot, la tentative du crime qualifié complot ; il est donc soumis à la règle générale posée dans l'art. 2 qui définit la tentative de tout crime en général. Pour qu'il n'en fût point ainsi, il faudrait une exception écrite dans la loi, et cette exception ne s'y trouve pas ; loin de là, la disjonctive *ou*, placée à l'art. 88 entre l'*exécution* et la *tentative*, indique l'identité de sens de ces deux mots, en d'autres termes l'*exécution* ou le *commencement d'exécution*, et fait concorder parfaitement cet art. 88 avec l'art. 2 du Code pénal, concordance sans laquelle il y aurait anomalie dans la loi.

Il est donc très-important de bien préciser qu'il ne peut être question dans cette cause que d'un complot et d'un attentat dirigés contre l'autorité royale, contre son palais, d'un coup de main ayant pour objet d'enlever les Tuileries. Tous les faits concomitans de cet objet principal doivent participer de la nature d'un tel but, et s'y rapporter essentiellement ; on ne peut comprendre ni l'excitation à s'armer contre l'autorité royale, ni l'excitation à la guerre civile; ce n'est pas de cela qu'il pouvait s'agir, mais d'un coup de main.

Pour l'exécution d'un tel but, il fallait un complot fortement combiné, des moyens d'exécution certains, une organisation arrêtée, un secret profond, communiqué à peu de conjurés.

C'est ce complot, avec toutes ses conditions, qu'il faut d'abord établir avant d'essayer de qualifier d'attentat les faits de cette affaire; car, je le répète, il est impossible de croire qu'un tel projet et son exécution aient été tentés pêle-mêle par des hommes sans lien commun et sans résolution arrêtée.

Or, que faut-il pour constituer un complot, et, dans l'espèce, le complot, tel que je viens de le préciser? Il faut, d'après l'art. 89 du Code pénal, une résolution d'agir concertée et arrêtée entre deux ou plusieurs personnes. Cette résolution ne peut être dès-lors qu'une association irrévocable prête à faire éclore l'objet du complot; elle n'admet ni condition suspensive, ni condition résolutoire, elle doit avoir un caractère d'actualité et de précision dans ses effets; l'heure, le jour, le plan, les moyens, le but, doivent être irrévocablement arrêtés; il faut que les coupables, unis par leur pacte et prêts à l'action, n'aient plus qu'à marcher, et soient sur le point de marcher. Autrement il n'y aurait point résolution d'agir concertée, arrêtée. Il faut donc que le motif, les moyens d'exécution, le but, soient uns et fixes, qu'en reprenant le fil des divers actes des conjurés, on remonte au même point de départ, au même plan, au même but. Que dis-je? Messieurs, il faut qu'il y ait vraisemblance et correspondance entre les moyens d'exécution et le but: si les moyens sont tellement disproportionnés

avec le but que le ridicule remplace la vraisemblance
du succès, qui oserait dire qu'il y a eu résolution d'agir
concertée, arrêtée dans le but de renverser le gouvernement? On suppose que ce sont des hommes et non des
fous qui agissent; car un contrat, et le complot n'est pas
autre chose, doit avoir un objet certain et exécutable :
Impossibilium nulla est obligatio. Il n'y a point de
convention ayant pour objet une chose impossible. En
un mot, Messieurs, c'est d'une volonté commune qu'il
s'agit ici, d'une volonté collective, agissant comme un
seul homme, confondant ses intentions, ses motifs, ses
moyens d'exécution, son but; d'une volonté collective
et une, prête à agir, que rien ne peut plus arrêter,
qui a brûlé ses vaisseaux; d'une volonté lancée vers
l'exécution. Il ne suffit donc pas que des individus
aient tenté quelque temps avant le jour indiqué de
séduire quelques hommes, à Paris ou ailleurs, que des
hommes armés aient été rencontrés sur divers points
de la capitale, que plusieurs aient été trouvés dans une
taverne ou un café, et d'autres courant en fiacre, pour
en conclure qu'ils ont formé un complot. Il faut qu'on
prouve, qu'on démontre le lien qui les unit, la ten-
dance irrévocable qui les fait agir. Ils peuvent avoir
donné et reçu de l'argent, et comme plusieurs s'en
être tenus là; ils peuvent s'être armés, et n'être point
irrévocablement décidés à agir : que dis-je? ils peuvent ne s'être armés ou réunis que par forfanterie ou
entraînés par des passions tumultuaires ou une cu-
riosité vague, comme cela est naturel à la classe du
peuple, avec des dispositions à l'émeute. L'émeute
n'est point un complot, elle n'est que de l'agita-
tion; la sédition elle-même n'est point une conjuration. Et c'est ici qu'il faut appliquer cette impossi-

bilité, signalée par Machiavel, qu'un complot soit l'œuvre de quelques hommes obscurs, et le produit d'une tourbe de conjurés. Cette impossibilité morale reste dans toute sa force tant qu'une tentative n'a point été faite, et ce fait même, on le croirait à peine. Oui, quand on aurait vu les conjurés armés se diriger vers le Louvre et les diverses grilles de l'enceinte des Tuileries, on aurait peine encore à croire à une conspiration sérieuse. Le préfet de police n'y croyait pas; le lieutenant-colonel, commandant le château, en haussait les épaules, en disant : on est venu m'annoncer vingt fois que des conjurés voulaient attaquer les Tuileries, je n'ai pas daigné m'occuper de ce fait; car il est impossible, non pas de prendre, mais d'attaquer les Tuileries. Louis-Philippe lui-même n'y croyait pas, et l'on dansait tranquillement dans les salons du palais, quand cette accusation capitale se préparait. Enfin, les prétendus conjurés eux-mêmes y croyaient-ils? Poncelet vous a dit que l'exécution ne devait point avoir lieu, qu'il y avait renoncé, et cela résulte des faits. Il n'y avait donc pas complot; car le complot est une résolution arrêtée, un parti pris, irrévocable, qui va produire son effet, et qui n'admet plus de délibération.

Cette définition du complot d'après le texte de la loi, nous donne celle de l'attentat et de son véritable caractère; c'est la cause efficiente de l'attentat, c'est la pensée du complot, réfléchie par l'action matérielle : il faut que celle-ci soit l'image fidèle de celle-là, et la réalisation effective, soit totale, soit partielle de la résolution commune; la production ou la mise en œuvre du plan intellectuel suivi ou non de quelques actes commis ou commencés pour en préparer l'exécution, ne peut être évidemment qu'une exécution ou un commence-

ment d'exécution, c'est-à-dire l'application directe à l'ob-
tention du but du complot, des moyens convenus ou
des causes efficientes du complot. Or, le fait d'avoir
réuni quelque armes ou quelques hommes, n'est pas la
mise en œuvre de ces hommes ou de ces armes ; il se
peut qu'ils aient une autre pensée ou qu'ils se repentent
s'ils ont eu une pensée criminelle. L'action est encore
en suspens ; il y a bien acte commis ou commencé pour
parvenir à l'exécution, s'il y a véritablement résolution convenue, arrêtée d'agir ; mais il n'y a pas encore
exécution ou commencement d'exécution de cette résolution commune. Suivons bien les degrés des actions
humaines, sachons les préciser avec la plus rigoureuse
exactitude, si nous ne voulons nous tromper d'une
manière fatale dans l'application de la loi criminelle ;
si l'attentat n'était que l'acte commis ou commencé
pour parvenir à l'exécution du complot, il ne serait que
le complot lui-même ; et pourtant le complot n'est puni
que de la déportation dans ce cas, et l'attentat est
puni de mort ; ainsi par une transposition de défini-
tions, vous ôteriez la vie au prévenu qui n'a point mérité
de la perdre, et auquel la loi n'entend point l'arracher ;
de plus vous détruiriez le bienfait de cette pensée émi-
nemment morale du législateur, qui a voulu abaisser
et reculer d'un degré l'échelle des pénalités en matière
de crimes politiques ; cette résolution d'agir concertée
et arrêtée, qui toute seule était jadis punie de la mort, ne
l'est plus que de la détention ; cette résolution suivie
d'un acte commis ou commencé pour en préparer l'exécution n'est plus punie que de la déportation ; il faut
donc de toute nécessité que l'exécution soit seule punie
de mort et par conséquent que cette exécution ou ce
commencement d'exécution constituent seuls l'attentat.

Il est impossible de répliquer à ce raisonnement parce qu'il est le bon sens lui-même.

Il suit de là, Messieurs, que si l'exécution est abandonnée volontairement, elle cesse d'être un attentat ou la réalisation d'un complot, puisque la nature du complot est d'être irrévocable. Les articles 2 et 3 du Code pénal qui déclarent que la tentative d'un crime n'est plus punie comme le crime, lorsqu'elle est suspendue par l'effet de la volonté du prévenu, s'appliquent donc exactement à la tentative du complot; on ne voit pas d'ailleurs comment il pourrait se faire que la disposition générale et préliminaire du Code, qui définit la tentative d'un crime en général, ne s'appliquât pas à toute espèce de crime, lorsqu'aucune exception n'est écrite dans la loi.

En un mot, Messieurs, il est si vrai que l'article 2 du Code pénal explique et modifie l'article 89, qu'il est de jurisprudence constante que l'acte d'accusation dressé contre un individu pour la tentative d'un crime, doit à peine de nullité exprimer que la tentative a été accompagnée de toutes les circonstances énoncées en l'article 2 du Code pénal (Arrêt de la Cour de cassation du 26 juillet 1811, Sirey.). C'est-à-dire, qu'il ne suffirait pas d'énoncer qu'il y a eu tentative d'un vol, par exemple, et que cette tentative a été suspendue par des circonstances indépendantes de la volonté du prévenu, il faudrait encore poser en fait qu'il *y a eu commencement d'exécution*. Le président des assises par la même raison doit aussi poser la question à peine de nullité ; et dans l'espèce la tentative énoncée dans l'article 89 doit être ainsi posée à peine de nullité. Donc l'attentat n'est que l'exécution ou le commencement de l'exécution.

Veuillez donc, ne pas perdre de vue, Messieurs les
Jurés, que pour prouver l'existence du complot, et,
par voie de conséquence, de l'attentat dans la nuit
du 1 au 2 février, il faut, non pas seulement prouver
que l'on voulait faire quelque chose ayant pour objet
de substituer le gouvernement de Henri V à celui de
Louis-Philippe, mais préciser l'accusation, et la produire sous la forme d'un fait physique, d'une opération
dont toutes les parties soient liées, se prêtent un mu-
tuel secours et tendent à l'unité ; il faut, comme Cicéron
à l'égard de Catilina, marquer les noms, le temps,
l'heure, les moyens d'action, l'organisation et la marche des conjurés ; prouver l'organisation et l'armement
de ces prétendues bandes réunies à l'Observatoire, à
la Salpêtrière et sur d'autres points, l'existence de dépôts d'armes sur ces points divers, en un mot le plan
de campagne de cette nuit fameuse. Si l'on vous dit
vaguement qu'il y avait une réunion de quelques hommes à la place de l'Observatoire, qu'il y en avait une
à la Salpêtrière, une autre à la Bastille ; que des
fiacres ont circulé sur ces places portant les prétendus
chefs, que quelques paroles ont été échangées entre
ces chefs en fiacre et des individus qui étaient à pied,
sans nous dire quelles étaient ces paroles; qu'on a
soupé rue des Prouvaires, que des cartes nombreuses
ont été distribuées aux premiers venus, qu'on a surpris là les conjurés dans leur repaire avec une tren-
taine de fusils qui ne pouvaient tirer, qu'on a fait un
choix entre eux, qu'un grand nombre a été mis en liberté ; mais que les trois ou quatre qui restent ici sont
bien cette bande fatale qui, munie des clés, devait enlever le Louvre et les Tuileries; si l'on se borne à rappro-
cher de ces faits vagues, sans précision et sans couleur,

la circonstance que de l'argent a été distribué quelques
mois, quelques jours auparavant ; que des listes ont
été faites portant les noms de huit ou dix hommes ou
d'un plus grand nombre : nous répondrons à l'accusation qu'elle sera peut-être bien parvenue à nous faire
croire à des velléités de complot ; mais non point à une
organisation arrêtée pour la nuit du 1er au 2 février,
propre à le faire éclore ; que le ridicule fait justice de cette conspiration en plein air, dans des fiacres
où nous ne voyons paraître aucun chef de marque, de
ce complot de bouteilles et de verres auquel viennent
prendre part pêle-mêle des gens qui ne se sont jamais
vus, qui n'ont pas même dit leurs noms, et auxquels il
suffit d'avoir soif ou bon appétit pour être admis à la
table commune ; nous répondrons qu'il y a eu une résolution arrêtée sans doute entre ces hommes présens,
mais résolution de manger et de boire ; qu'il y a quelque chose de burlesque à voir ce Catilina nouveau re-
procher à ses hommes de tomber sous les tables, au
lieu de penser au grand objet de la conjuration ; ses
résolutions chanceler et changer à la vue de ces complices qui noyent la conspiration dans le vin ; et enfin
la police, dès long-temps prévenue, arriver tout à
coup et enlever d'un coup de filet l'Amphytrion belli-
queux et ses compagnons d'armes. Ah ! Messieurs, si
le trône de juillet n'est jamais plus sérieusement menacé, la police peut laisser dormir ses agens et le ministère public ses foudres....

Mais l'accusation a de quoi faire diversion à ces
scènes indignes de l'épopée ou de la majesté de l'histoire, en produisant un plan du terrain qui avoisine la
rue des Trois-Couronnes, et un lambeau d'écrit sorti
des mains de Cauchart, inconnu d'ailleurs à Patriar-

che, et qui révèle tout le projet, tout le plan de l'attaque. Je répondrai qu'il se peut qu'un plan ait été dressé,
et même payé; qu'il se peut encore qu'un chiffonnier
ait été initié dans les secrets d'une conjuration d'état,
de telle sorte qu'il ait pu de sa main faire le récit, et
l'histoire anticipée du plan de la campagne; mais qu'il
ne s'ensuit nullement de là que ces belles choses
dussent se réaliser dans la nuit du 1 au 2 février; car,
malheureusement pour l'accusation, les faits ne répon-
dent point à son roman. Au lieu de ces marches et de
ces contremarches, de ces commandemens de divisions
par Patriarche, de ce déploiement régulier de forces,
de ces postes enlevés et occupés, de ces opérations
progressives et savantes, nous voyons le chef de divisions dormir et rouler toute la nuit dans un fiacre,
sans armes, ne donnant aucun ordre, et parcourant
les divers points de sa promenade militaire, sans même
mettre pied à terre, jusqu'à quatre heures du matin.

Disons-le donc, Messieurs, la nuit du 1 au 2 février ne réalise point les conditions du complot et de
l'attentat. On n'a d'autre récit du complot que la déclaration de Thomasset, pleine de contradictions sur ce
ce point comme sur le reste, et ce témoin, indigne de
toute confiance, n'indique ni la nuit, ni le jour, ni
l'heure où ce complot devait éclater; bien moins encore le plan et les moyens d'exécution, l'ensemble,
le lien des opérations, et les agens de l'exécution.

J'ai dit qu'il fallait une résolution arrêtée, c'est-à-
dire irrévocable, une association formée, ayant ses
moyens combinés, et prête à faire éclater l'objet du
complot; et ici la raison et les notions élémentaires du
droit nous apprennent que cette association doit être
spontanée, exempte de toute influence de l'autorité; de

toute fraude extérieure et étrangère à la volonté des
conjurés; car, si l'autorité avait pris part à cette déter-
mination, si disséminant ses agens, elle en avait envoyé, place de l'Observatoire, jouer le rôle de conjurés
et faire éclore le complot, encourager l'audace de quelques jeunes gens de la force de Bousselot que l'on aurait
vus s'y morfondre, les conduire belliqueusement à des
dépôts d'armes qui manquaient, et, à défaut d'une action possible, prendre les conspirateurs sous le bras et
les faire marcher vers la Cité pour soulever les masses
par des *chansons*, et ce faisant, encloîtrer quelques-uns
que l'on escamotait en route et que l'on détachait dou-
cement de la bande, jusqu'à ce qu'enfin l'on eût con-
verti en monnaie de conspirateurs, bien et dûment atteints et convaincus de complot et d'attentat, cinq à six
jeunes gens qui eussent été fort disposés à aller se coucher et dormir ailleurs; si d'un autre côté l'on voit le
chef de la police, instruit de tout par Dermenon, qui
nécessairement était *son homme*, puisqu'il lui avait fait
toutes ses confidences, laisser conclure les négociations et
filer le transport d'armes, n'attacher d'ailleurs aucune
importance aux révélations qui lui sont faites, et sans
doute rire sous cape de ces conspirateurs candides qui
préparaient à ses agens une bonne capture, et à l'état
la découverte d'un grand secret; si l'on voit ce chef de
la police, dont les défenses eussent été pour Dermenon
des ordres, autoriser, ou ce qui revient au même, laisser faire la livraison de quelques armes, et ces armes
être de mauvais fusils rouillés, ce qui prouve bien qu'ils
venaient de la police; car, je le répète, de deux choses
l'une, Dermenon était l'homme du préfet ou l'homme
des conjurés; dans le premier cas, les trente mauvais
fusils s'expliquent; dans le second, on ne voit pas

pourquoi il n'eût pas fait des livraisons considérables et de bon aloi ; si en un mot il est démontré que la police a conduit ainsi elle-même la conspiration sous le bras et l'a armée de sa main : ah ! Messieurs, qui oserait voir un crime dans ces faits décousus, isolés, où la police joue un si grand rôle !·! Qui oserait prendre au sérieux des circonstances auxquelles M. Casimir Périer, qui dès long-temps tenait le fil de cette affaire par les rapports du préfet de police, et plusieurs de ses collègues présens chez lui, lorsque M. Pérardel vint tout essoufflé lui parler de ce qu'il avait appris, n'attachaient aucune importance ? Quoi donc ! ce qui faisait rire l'autorité, ce qui lui faisait hausser les épaules de pitié, puisqu'elle l'encourageait elle-même, deviendrait-il pour de malheureux pères de famille une source inépuisable de douleurs et de larmes ? La mort et des fers seraient-ils cachés sous une séduction infernale, et immolerait-on des hommes attirés dans un péige, dans un guet-apens tendu par la police elle-même? Quel serait donc ce nouveau genre de dérision barbare qui se joue de la crédulité des hommes, qui amorce leurs passions et les pousse vers le mal pour les sacrifier ensuite impitoyablement à je ne sais quelle raison d'état ?.... En sommes-nous donc venus au point où l'immolation de victimes humaines soit nécessire à la consécration d'un pouvoir nouveau?.. En parlant ainsi, je ne hasarde rien, et je ne cite qu'un fait, qui à lui seul suffit pour prouver d'une manière éclatante les suggestions de la police dans cette affaire. *Contessenne* et *son père* n'en ont-ils pas imposé lorsqu'ils ont déclaré que Gæcter et Lebrun leur avaient remis d'énormes paquets de poudre, et leur avaient recommandé de fondre des balles et de se rendre ensuite près de la rue des Prouvaires dans la nuit du 1 au 2 février pour prendre part à l'action ? Le ministère public a été forcé de confesser son défaut de confiance en ce témoignage puisqu'il s'en est rapporté à votre prudence ; cependant Contessenne et son père étaient venus à la police, et lui avaient remis cet énorme paquet de poudre remplissant un grand panier. Le ministère public a en quelque sorte abandonné l'accusation en présence de dépositions aussi graves, et des réserves n'ont point été faites contre ces témoins ; et on les laisse tranquilles après les avoir vus se jouer la vie de deux hommes !... Ah ! Messieurs ; quelles preuves plus convaincantes voulez-vous du besoin que la police éprouvait de faire des conspirateurs et de leur fournir des armes et des munitions? Tous les sophismes du monde ne détruiront pas l'impression ineffaçable que ce fait doit laisser dans l'âme des gens d'honneur ! ! ! Et il suffit qu'il soit incontestable pour que vous rejetiez avec indignation toutes ces dénonciations spontanées, toutes ces déclarations d'agens de police qui forment le fond et comme le trésor de cette accusation. Une fois le dol démontré dans un point, tout le reste de la machination croule, comme le mensonge dévoilé détruit tout un témoignage.

Je suis naturellement conduit, Messieurs, à m'occuper maintenant de la nature des preuves du complot, du caractère que ces preuves doivent avoir et de leur légalité. Dans une matière aussi grave, il n'est pas d'opinion morale qui puisse tenir la place des preuves juridiques, car il s'agit ici des caractères constitutifs du complot, et vous ne pouvez mettre votre opinion particulière à la place de la définition de la loi. Vous concevez donc qu'il y ait des règles invariables pour vos décisions, et que votre conscience ne puisse dans aucun

cas s'en affranchir. Je suis d'autant plus forcé de vous
les exposer ces règles, que la variété et la singularité des
documens invoqués contre Patriarche, la nature de
certains témoignages, ces lettres saisies, ces papiers
tout à coup jetés dans le débat m'imposent le devoir,
sous peine de déserter la défense, de caractériser légalement et moralement ce nouveau genre de preuve criminelle.

Les preuves, en matière de complot, doivent être
rigoureuses, et s'appliquer positivement à chacun des
caractères constitutifs du complot; cela résulte de
ce principe qu'il est de la nature d'un complot de
présenter de telles difficultés, d'être restreint à un si
petit nombre d'individus, qu'il est extrêmement difficile d'y croire en tout état de cause; et à plus forte raison quand une troupe d'hommes obscurs y est impliquée; cela résulte enfin de ce qu'il est de l'intérêt, de
l'honneur même du gouvernement de n'y croire que
très-difficilement; et enfin de la définition même du
complot qui exige coïncidence, unité de motifs, de plan,
de moyens d'exécution, de but, irrévocabilité et actualité de la résolution commune d'agir, vraisemblance et
rapport entre les moyens d'exécution et le but. Des conjectures peuvent bien conduire à prendre des précautions, mais ne peuvent servir de preuves; des présomptions en matière criminelle présentent les plus
grands périls, outre qu'une multitude de semi-preuves
ne peuvent jamais former une preuve complète. Restent donc les paroles, les écrits, les démarches. Or,
voici les principes sur ces élémens de preuves : les
paroles indiscrètes, d'après tous nos publicistes, ne
furent jamais la matière d'un complot. « Rien ne rend
« le crime de lèse-majesté plus arbitraire, dit Montes-

» quieu, liv. xii, chap. xii de *l'Esprit des Lois*, que
» quand les paroles indiscrètes en deviennent la ma-
» tière. Les discours sont si sujets à interprétation ; il
» y a tant de différence entre l'indiscrétion et la ma-
» lice, et il y en a si peu dans les expressions qu'elles
» emploient, que la loi ne peut guère soumettre les pa-
» roles à une peine capitale.

» Les paroles ne forment point un corps de délit ;
» elles ne restent que dans l'idée ; la plupart du temps
» elles ne signifient point par elles-mêmes, mais par
» le ton dont on les dit ; il n'y a rien de si équivoque
» que tout cela. Comment donc en faire un crime de
» lèse-majesté? Partout où cette loi est établie, non-
» seulement la liberté n'est plus, mais son ombre
» même. »

Ce qui est vrai des paroles l'est des actions de la vie ;
on ne doit point interpréter dans le sens d'un crime de
lèse-majesté des actions qui, par elles-mêmes, ne sont
point un crime : autrement il y aurait inquisition et espionnage ; et le même publiciste les signale comme les
plus grands ennemis de la monarchie.

« Quand un homme est fidèle aux lois, dit Montes-
» quieu, même livre, il a satisfait à ce qu'il doit au
» prince ; il faut au moins qu'il ait le reste de sa con-
» duite en sûreté ; l'espionnage serait peut-être tolé-
» rable s'il pouvait être exercé par d'honnêtes gens ;
» mais l'infamie nécessaire de la personne fait juger
» de l'infamie de la chose. Celui qui a tant d'inquié-
» tudes, de soupçons et de craintes est un acteur qui
« est embarrassé à jouer son rôle. Quand il voit qu'en
» général les lois sont dans leur force et qu'elles sont
» respectées, il peut se juger en sûreté ; l'allure géné-
» rale lui répond de celle de tous les particuliers. »

Cette réprobation de la maxime odieuse et funeste qui fait dépendre un complot d'une parole, d'un geste, d'une action ordinaire de la vie, s'applique aux écrits, même publiciste; et la jurisprudence de nos cours a confirmé cette réprobation. Les orateurs du gouvernement eux-mêmes, en présentant le projet du liv. 3 du Code pénal, l'ont déclaré.

Un autre genre de preuve, serait celle que procureraient l'interception des lettres et la violation du secret domestique; vous voyez que j'entends parler des lettres de Patriarche à sa femme, et du papier saisi chez Cauchart. La justice, Messieurs, doit couvrir l'inviolabilité du secret des correspondances et du secret domestique du voile de la pudeur légale. S'il s'agissait ici d'un crime certain, d'un corps de délit dont on chercherait les preuves, cela serait à peine proposable. Mais les élémens constitutifs du crime lui-même, du complot ne peuvent se puiser dans des lettres interceptées, à plus forte raison dans le secret conjugal. La nature et la morale repoussent un mari accusant sa femme, une femme accusant son mari; il doit en être de même de leurs épanchemens. Si l'on pénétrait dans le secret de leur asile, et que des hommes cachés dans leur appartement entendissent leur conversation secrète, pourrait-on s'en faire une preuve? Qui ne sait que, outre l'odieux insupportable d'un pareil moyen, des époux se disent dans l'intimité une infinité de choses, jettent au hasard une infinité de jugemens que leur conscience désavouerait si on leur donnait un caractère de publicité? Repassons nous-mêmes notre vie domestique : que de propos en l'air, que de certitudes apparentes, que d'assertions graves auxquelles nul ne croit, que d'innocens artifices pour rassurer

une mère, un père, une épouse effrayée, que de pe-
tites forfanteries, que d'espérances et de promesses
dont on n'a pas le premier mot; c'est là que l'amour-
propre et la légèreté qui ne quittent jamais les hommes,
prennent surtout leurs ébats, et que la tendresse ingénieuse substitue des chimères aux réalités. Mais si les
épanchemens du secret domestique, de l'intimité conjugale ont été provoqués, à combien plus forte raison
la preuve est-elle inadmissible? Si la police pénétrait
dans le secret d'une correspondance ordinaire et la pro-
voquait, cela serait odieux et devrait être stigmatisé
par la justice régulière; à plus forte raison si la police
empoisonne les rapports naturels, si elle inspire la confiance et enhardit l'intimité pour découvrir un coupable. Si on arrachait à une femme son secret pour
perdre son mari, quelle horreur! Si on lui tendait un
appât pour lui surprendre son secret, cela n'aurait plus
d'expression. Quand un délit est flagrant, on conçoit des
recherches domiciliaires pour en recueillir les preuves;
mais ordonner une inquisition domestique pour créer
les élémens d'un crime, c'est détruire la confiance, la
morale, et faire d'une nation un troupeau d'esclaves
passés plusieurs fois le jour en revue et fouillés par leur
maître. C'est l'instrument du despotisme comme toutes
les mesures exceptionnelles; tous les liens sociaux se
brisent; à la place de la confiance et de la sûreté de
la vie, succèdent la défiance, le soupçon, la délation,
les divisions dans la société, et le même ton de maître
est pris par certaines cathégories revêtues de la force,
vis-à-vis des catégories qu'elles oppriment. C'est ainsi
que Carthage, que Rome, que Venise tombèrent en
dissolution. Repoussez donc, Messieurs, ces élémens
impurs; gardiens de l'honneur national, de la légalité,

de ce droit commun sans lequel il n'est point de gouvernement ni de bonheur possible, de ce régime tempéré où l'ordre et la liberté s'embrassent et reposent sur les bases immuables de la nature et du temps; repoussez tout ce qui n'est point preuve légale, preuve frappée au coin de la publicité; car sans cette publicité, sans cette authenticité avouée par la morale, il n'est point de preuve. Il est de ces sources dont les émanations flétrissent et tuent. C'est le propre de la turpitude de faire mourir les États comme les individus. Ces preuves honteuses, la justice ne les reconnaît pas, car il en est de la certitude judiciaire comme de la conscience, elle n'avoue que des convictions honorables, des élémens légaux, obtenus par des voies légales. Votre conviction, Messieurs, est à ce prix, car avant tout, l'honneur des familles, la sainteté de la nature, l'inviolabilité du secret domestique et du domicile doivent être maintenus.

Je suis heureux, Messieurs, de voir cette vérité de morale et de sentiment confirmée par l'opinion d'un profond criminaliste, dont les travaux, dans le dernier siècle, ont contribué à extirper les abus et à hâter les améliorations de nos lois criminelles, je veux parler de M. l'avocat-général Servan :

« Qu'une lettre appartienne à celui qui l'a écrite, c'est une chose incontestable, a dit M. Servan, il n'a écrit ses pensées que sous la condition qu'elles resteraient secrètes, et cette condition, par la nature même de la chose, doit être inviolable. Selon les règles de la bonne foi publique, un cachet est pour un particulier un sceau non moins respectable que le sceau même du souverain. Celui-ci a posé son sceau à ses pensées, afin que ses sujets les sachent comme lui-même; et le particulier, au contraire, a posé son sceau aux siennes, afin que nul autre que lui et son correspondant ne les connaisse. Ces effets contraires dérivent du même principe l'ordre public. Il faut une marque publique et respectée pour rendre les pensées du souverain publiques et respectables; il faut aussi une marque publique et respectée pour rendre respectable le secret des pensées de chaque citoyen. Ainsi tout homme qui de son cachet scelle ses pensées et son nom, vous dit par ce signe consacré : « Je mets mon nom et mes pensées dans vos mains, sous la sauvegarde de la foi publique; ou brûlez ma lettre sans la lire, ou si vous la lisez, remplissez le devoir que mon cachet réclame. »

« On connaît ce geste si énergique et si simple lorsqu'Alexandre lisant une lettre surprit les yeux d'Ephestion qui la lisait en même temps à la dérobée : il le regarde, et sans dire un mot, lui applique son cachet sur la bouche, ce geste disait : « Puisque tes yeux sont des traîtres, que ta bouche, au moins, soit fidèle. »

» Le pire danger en divulgant une lettre, n'est pas tant de montrer les pensées de celui qui l'écrivit, que de montrer comme siennes les pensées qu'on ne doit point regarder comme telles.

» 1° La personne à qui l'on écrit, règle souvent le ton, le tour et le fond des pensées d'une lettre. Tel homme fort réservé sur les matières de religion aura, par exemple, en écrivant à M. de Voltaire, pu s'abandonner à des plaisanteries fort éloignées de son caractère : publiez ses lettres à M. de Voltaire avec ses réponses, voilà un homme fort mal jugé.

» 2° La confiance qu'inspire une lettre fait négliger le choix de ses pensées; on écrit celles du moment, et souvent elles ne durent qu'un moment.

» 3° La nature du commerce des lettres exclut souvent aussi le choix même du moment. On m'a écrit, je suis pressé de répondre, c'est un instant de chagrin; je suis atrabilaire et censeur; je blâmerai peut-être tel que j'embrasserais de tout mon cœur dans un autre moment.

» Que conclure de tout cela? toujours la même chose; qu'il n'est permis ni en justice, ni dans la société commune, de produire des lettres capables de causer la peine la plus légère à l'un des deux correspondans; (Qu'eût dit M. Servan s'il se fût agi de lui donner la mort)? Le tiers ne le peut pas, puisqu'il n'est pas présumé en connaître l'existence. Celui qui les a écrites ne le peut pas, il est censé en avoir fait don à celui qui les a reçues; celui-ci ne le peut pas non plus, parce que ce don est conditionnel et la condition c'est le secret.

» Or, maintenant voici la conséquence importante que je tire de ces principes : c'est que tout écrit, tant qu'il n'a point été communiqué librement par l'auteur même, doit être aux yeux des autres comme s'il n'était pas ; et si quelqu'un, commettant la faute de le lire, y trouvait des choses répréhensibles, quel qu'il soit, magistrat, ministre ou prince, il doit agir et juger comme si l'auteur avait mis à la marge : *Récit de mon dernier rêve*, ou *je veux réfuter tout ce que dessus*; car après tout, ces deux cas sont possibles.

» Quelle application effrayante, continue M. Servan, ne pourrais-je point faire de cette vérité aux emprisonnemens, aux condamnations qui n'ont pour fondement que des papiers surpris dans la main des citoyens; condamnations aussi injustes dans leur genre que celle de ce sultan qui fit un jour ouvrir le ventre à ses pages pour découvrir celui qui avait mangé un melon de réserve. Je soutiens en effet, selon l'exacte équité, que l'on ne peut pas plus juger des pensées constantes d'un homme, sur quelques lignes qu'il a tracées une fois, que sur la position et l'aspect des fibres de son caveau.

» Plus loin M. Servan prouve que surprendre le secret d'une lettre c'est violer la plus sacrée des propriétés. » Vous frémiriez de fureur si l'on osait vous soupçonner d'un vol..... Cependant prenez-y garde, livrer les pensées d'un citoyen après les avoir prises dans sa lettre, comme on escamoterait une tabatière dans sa poche, cela peut s'appeler un vol bien caractérisé, un vol avec effraction, celle d'un cachet, d'un véritable sceau d'autant plus sacré qu'il est plus fragile.

» Deux époux s'écrivent dans l'impatience de se revoir et dans tout l'enchantement de s'être vus; demandez leur s'ils veulent vous admettre en tiers dans les épanchemens de leur âme. »

Les Athéniens, même en temps de guerre, respectèrent comme une chose sacrée, les lettres que Philippe écrivait à sa femme Olympias, et les lui renvoyèrent cachetées comme elles étaient.

M. Servan prouve que cette violation du secret des correspondances et du secret domestique, détruit encore la liberté et corrompt les mœurs.

Un arrêt de la cour de cassation du 10 décembre 1816, bulletin officiel, n. 85, a jugé, en matière criminelle, qu'une lettre est un dépôt essentiellement secret, et que ce qui y est écrit n'a que le caractère de la pensée.

Un autre arrêt de la même cour, 4 décembre 1810,

a décidé que des lettres missives écrites à des tiers ou par des tiers, ne doivent jamais être produites en justice.

D'où il suit, Messieurs, que les interrrogatoires et les confrontations des prévenus, en matière de complot, forment avec les témoignages irréprochables, le seul genre de preuve que l'expérience ait sanctionné, et que la justice puisse admettre. Si les prévenus se coupent, se contredisent et font des récits opposés ou inconciliables de leurs actions et de leurs démarches, on peut y puiser des renseignemens utiles, et ces interrogatoires qui suivent un secret rigoureux, forment en effet, le plus grand péril des conspirations. Mais les dénonciateurs, les délateurs, les accusateurs, ne peuvent par leurs accusations, former une preuve digne de foi; il faut qu'elle soit appuyée d'autres témoignages précis. Par cela seul qu'ils ont pris l'initiative, la raison et la jurisprudence leur imposent la charge de prouver ce qu'ils avancent, et cette maxime doit être d'autant plus respectée que le châtiment de la non-révélation a été proscrit de nos lois comme contraire à l'honneur et à la morale. Ne soyons pas plus sévères qu'on ne le fut dans des temps de despotisme.

Lors de cette conspiration de Pison contre Néron, où tant d'illustres romains périrent, ce fut par suite de leurs interrogatoires et de leurs confrontations mêmes qu'ils furent mis à mort; et cette femme nommée *Épicaris*, qui avait essayé de mettre dans le complot le commandant d'une galère préposée à la garde de l'empereur, cette femme qui lui avait communiqué le complot, ayant été dénoncée par ce chef, nia sa participation avec tant d'audace, que Néron confus n'osa le

condamner. Ainsi, dans ce temps d'un despotisme
dont le souvenir seul fait frémir la nature humaine,
la dénonciation d'un chef militaire ne fut point jugée
suffisante pour faire condamner un prévenu qui niait,
et contre lequel on ne pouvait fournir d'autres preuves.
« Quoique Proculus, dit Tacite (1), eût rapporté sur-
» le-champ à Néron ce qu'il venait d'entendre, sa dé-
» position ne servit de rien ; Épicaris confrontée nia
» tout, et confondit sans peine un dénonciateur que
» n'appuyait aucun témoin. » Autres exemples dans la
même conspiration : Le sénateur Scévinus, dénoncé
par son affranchi Milicus qui raconta à Néron que Scévinus lui avait fait aiguiser son poignard, qu'il avait fait
son testament, distribué de l'argent à ses esclaves et fait
préparer de la charpie et des bandes pour panser des
blessures, Scévinus, dis-je, soutint devant Néron la
fausseté de cette dénonciation avec tant de fermeté, que
la délation serait tombée si la confrontation de Natalis
et de Scévinus n'eût perdu ce dernier qui finit par tout
avouer. La mort de Sénèque, instituteur et bienfaiteur
de Néron, que ce monstre désirait si impatiemment,
la mort de Sénèque qui fut impliqué par Natalis, ne fut
point l'effet de la preuve résultante de la dénonciation
de Natalis, mais de l'ordre pur et simple que Néron lui
envoya de mourir. Enfin, Néron ne put condamner et
ne condamna point ce consul Vestinus qu'il regardait
comme son plus mortel ennemi, parce que les preuves
judiciaires de sa participation manquaient, il le fit seulement assassiner. Quoi! messieurs, les dénonciations
des embauchés, celles des conjurés eux-mêmes ne suf-

----

(1) *Annales*, liv. xi.

fisaient point pour prouver judiciairement aux yeux de Néron l'existence d'un complot et la culpabilité d'un accusé, il reculait devant l'arbitraire de semblables condamnations juridiques, et vous admettriez les déclarations de témoins qui se sont faits conjurés, délateurs, dénonciateurs, et qui depuis leurs dénonciations ont été pour la plupart attachés à la police; vous admettriez les dépositions d'un Brassac, d'une femme Martin, d'un Coyac, d'un Thomasset, de prétendus embauchés qui accusent leur turpitude et leur perfidie, d'un soldat qui accepte la mission d'un colonel français de se faire conspirateur lui-même pour dénoncer et perdre d'anciens chefs militaires honorables!!! Ah! messieurs, n'imprimons point à notre époque une pareille tache; mieux mille fois vaudrait comme Néron envoyer à ces prévenus l'ordre de mourir..... Vous le voyez, messieurs, en principe, la déclaration de Poncelet lui-même ne peut être une preuve judiciaire; en supposant qu'il ne s'agit que de lui-même, il ne serait point écouté voulant se perdre, *non auditur perire volens*; mais il s'agit du sort de soixante personnes, et sa déclaration doit dès-lors être appuyée de preuves. Pour qu'il résultât de cette déclaration une preuve juridique, il aurait fallu confronter Poncelet avec ce vieillard ou avec les auteurs du prétendu complot; on ne l'a pas fait, on n'a pu le faire. La preuve judiciaire manque donc. Néron, Néron lui-même ne l'eût point admise contre les prévenus.

Je résume, messieurs, cette première partie de ma discussion.

En principe, vous avez un pouvoir discrétionnaire pour l'appréciation des faits politiques, et il n'en est pas de ces faits comme des faits ordinaires; leur caractère dépend d'une infinité de rapports intrinsèques et extérieurs qui règlent leur classification et déterminent leur valeur réelle.

Les faits de juillet, de Lyon, de Grenoble, de l'Ouest et du Midi, des 5 et 6 juin, ne peuvent point être considérés dans leur matérialité pour en induire un complot, mais dans leur principe, dans leurs causes diverses, dans leurs développemens, dans leur rang au milieu de la misère et des passions, de la fermentation sociales.

Il en est de même de la circonstance de quelques hommes trouvés armés dans le café des Prouvaires, armés ou réunis sur quelques autres points de Paris.

Ce qui doit nous porter à le décider de la sorte, c'est la place même qu'occupe le complot dans l'ordre des crimes politiques, et sa nature essentielle de ne pouvoir être tramé et exécuté que par des hommes puissans. Y croire de la part d'hommes obscurs, c'est vouloir frapper la démence ou supposer que le complot a été déterminé par une haine universelle capable de soulever le peuple, ce qui serait déshonorer le prince.

Dans l'espèce, il ne peut y avoir d'attentat sans complot, car les faits que l'on qualifierait d'attentats tendant à renverser le gouvernement pourraient s'entendre d'une toute autre manière, et d'ailleurs il est impossible de supposer la volonté d'un tel attentat sans un complot qui lui sert de base.

Il suit de là que l'attentat ne peut être que l'exécution ou la tentative même de l'objet du complot, puisque les autres faits ne caractérisant point nécesssairement un complot ou un attentat, ce serait substituer au complot et à l'attentat des choses qui ne les constituent point essentiellement, et chercher la preuve du complot ailleurs que dans ses caractères constitutifs.

D'où il suit encore qu'il faut qu'un fait physique se dessine dans l'accusation, de nature à concilier, à réunir, à expliquer tant d'élémens divers, à exclure toute interprétation étrangère au complot ; car il n'y a point de complot sans une association actuelle et irrévocable, renfermant unité de motifs, de moyens, de but, correspondance entre ces moyens et ce but, et prête à faire éclore l'objet du complot ; elle ne souffre plus ni condition, ni repentir, ni retour, ni délibération ; il faut qu'elle soit prise dans cet état d'action, prêt à réaliser ou qui a commencé à réaliser l'objet du complot. Le fait d'hommes armés, d'émeute, de sédition même, ne suffit pas pour le constituer.

Il faut donc que la preuve du complot repose sur des faits positifs, sur des noms désignés, et non sur une opinion morale, sur des soupçons ou des conjectures, et par conséquent on ne peut point argumenter contre les prévenus de l'existence de ce complot, tant qu'on n'a pas nommé et prouvé les personnes entre lesquelles il a été concerté et arrêté. On ne peut donc en chercher la preuve contre elles que dans l'ensemble et la comparaison des faits de leur conduite ; c'est de là seulement que peut saillir cette preuve, autrement on établirait le complot hors de la présence des prévenus, et on les déclarerait coupables d'un crime dont l'existence ne serait point jugée contradictoirement avec eux ; je dis *contradictoirement avec eux*, car si les faits qui leur sont imputés n'entrent point dans la création du complot en lui-même, comment déclarer qu'il y a complot ? et si l'on ne peut faire résulter le complot de ces faits, comment déclarer qu'ils en sont coupables ? et si l'on ne peut déclarer qu'ils en sont coupables, comment déclarer qu'ils y ont participé par dons ou promesses ? La base du complot, établi contradictoirement avec les prévenus et par les faits personnels aux prévenus , manquant, tout le reste de l'accusation croule, et les questions posées sont insolubles

Il faut de plus établir la connexité qui lierait les faits divers soit antérieurs, soit de la journée, de la soirée et de la nuit du 1er et 2 février, car alors même qu'un complot aurait été formé, il ne s'en suivrait nullement que tous les faits divers et opposés de circonstance, de temps, de nature dussent s'y rapporter.

Il en est de même de l'attentat.

Il faut qu'une proportion quelconque existe entre les moyens et le but, car le complot est une convention, et il suppose une chose exécutable et possible ; autrement point de convention, et partant point de complot.

Enfin il faut que cette convention soit l'œuvre spontanée de la volonté des conjurés ; si une provocation de police s'y était mêlée, à quelque époque que ce fût, il n'y aurait plus de complot ni d'attentat.

En ce qui touche la nature et le caractère des preuves admissibles en matière de complot, les preuves doivent être rigoureuses et s'appliquer spécialement à chacun des caractères constitutifs du complot ; il faut rejeter les paroles, les écrits, les démarches susceptibles d'interprétations diverses et surtout les documens sortis de la délation et de l'espionnage, tels que la violation des correspondances , du secret domestique et du secret conjugal.

Les interrogatoires et la confrontation des prévenus, leurs aveux, appuyés de témoins irréprochables, forment le seul genre de preuve certaine en cette matière. Mais les dénonciations, les révélations actives , spontanées, mendiées ou forcées de prévenus et de témoins, sont tout-à-fait insuffisantes par elles-mêmes, et si elles sont seules, elles doivent être rejetées.

Voilà, messieurs les jurés, les principes qui régissent cette matière ; je n'en ferai pas l'application à toute l'étendue de cette affaire, je me bornerai aux traits généraux que j'ai indiqués, et de suite j'aborderai la discussion des faits spécialement relatifs à Patriarche.

Patriarche s'est-il rendu coupable d'un complot et d'un attentat ayant pour objet de détruire et de renverser le gouvernement, d'exciter les citoyens à s'armer contre l'autorité royale, et d'exciter la guerre civile en portant les citoyens à s'armer les uns contre les autres, lequel complot et lequel attentat auraient consisté à s'emparer de vive force du château des Tuileries par l'action d'une réunion d'hommes armés rue des Prouvaires ?

Pour résoudre cette question, il faut appliquer successivement à Patriarche les principes que nous venons d'énoncer ; s'il ne se trouve dans aucune des conditions que nous avons précisées, l'accusation portée contre lui tombe complètement.

Non-seulement les prétendues charges dirigées contre Patriarche ne prouvent rien contre lui ; mais elles détruisent l'idée d'un complot, d'un attentat, et démontrent son innocence et celle de ses co-accusés.

Et d'abord, Messieurs, un mot des antécédens de Patriarche : dès l'âge de seize ans il entra dans la carrière militaire ; il fit les campagnes de Russie et d'Allemagne, et s'y couvrit de gloire. Lors de la première restauration, il fut incorporé dans la garde royale ; fidèle à ses sermens et entraîné par l'ascendant de ces vertus royales qu'il avait admirées de près, il suivit ses princes dans l'exil, il passa les cent jours dans la place de Cambrai ; mais il n'avait pas cessé d'être français de cœur ; comme tous les vrais royalistes, il unissait à l'amour du prince, l'amour du sol et de la patrie. Il se dévoua tout entier au pansement des blessés, au soulagement des prisonniers français, et son zèle, son humanité, son patriotisme furent si remarquables, que M. le marquis d'Épinay Saint-Luc, commandant cette forteresse, lui voua dès ce moment une estime et une affection particulière. De retour en France avec les Bourbons, Patriarche rentra dans la garde sous le commandement de M. le marquis d'Épinay, en qualité de sous-officier.

Cependant ses blessures, ses forces épuisées par de longues campagnes le forcèrent à quitter le service ; il prit son congé, se maria, devint père et s'établit peintre en bâtimens, rue St. Victor, n° 112, où il tient un hôtel garni. Sa conduite comme mari, comme père, comme membre de la cité n'a pas été moins admirable que sa conduite militaire ; toutes les notabilités de son quartier le déclarent dans un certificat dont je vais vous donner lecture. Actif, laborieux, tout entier aux soins de ses affaires, il fut toujours étranger à toute espèce d'intrigues.

Lorsque les événemens de juillet éclatèrent, quelle fut sa pensée dominante, son occupation exclusive ? Déplorant les cruels effets de cette collision, il passa tout son temps à soulager les blessés, soit gardes royaux, soit combattans ; les femmes, les vieillards, les enfans que le plomb avait atteints ; j'en ai trois certificats que je ferai passer sous vos yeux ; on le vit transporter lui-même à l'hospice, panser de ses mains leurs blessures, déchirer son plus beau linge, sacrifier ses effets et donner sa bourse pour soulager ces infortunés...

Ah ! Messieurs, un tel homme pouvait-il combiner, exécuter un coup de main qui aurait eu pour but d'ensanglanter les rues de la capitale ? Il est de ces impossibilités morales qui, placées dans la balance de la justice, doivent faire plus d'impression sur vos esprits que ces preuves si périlleuses de leur nature, que le doute ou la crainte de l'erreur accompagne toujours, et celle-là est du nombre ; elle exclut toute idée de complot et d'attentat de la part de Patriarche. J'ajoute que les médecins de l'hôpital de Saint-Côme, de l'École de médecine, furent tellement frappés de ces actes d'humanité qu'ils déclarèrent hautement que Patriarche avait mérité la croix d'honneur.

Lorsque l'épidémie régnante, le choléra, éclata à Sainte-Pélagie, l'infirmier de cette prison fut obligé de se rendre à Versailles ; il n'y avait personne pour soigner les prisonniers atteints de ce fléau ; Patriarche offrit de le remplacer ; il le remplaça avec un zèle, une charité digne de son âme ; le directeur de Ste-Pélagie voulut lui faire accepter le salaire de l'infirmier, il s'y refusa noblement, en disant qu'il ne voulait que le bonheur d'avoir soulagé ses semblables.

Si la position et l'état de fortune de Patriarche antérieurement au 1er février exclut l'idée qu'il ait participé à un complot, à plus forte raison sa position et son état de fortune depuis le 1 février ; car il est aujourd'hui dans une situation déplorable, au point de ne pouvoir payer un terme arriéré de son bail ; s'il eût été l'instrument actif d'un complot, il aurait nécessairement eu en sa possession des sommes considérables pour l'embauchage, l'organisation et la mise en action de sa division ; il aurait gardé quelque chose pour lui, et aurait pu payer son terme.

Cette circonstance forme une seconde impossibilité morale non moins grave que la première.

Mais, s'il a joué un rôle actif et principal, s'il était chef de division, directeur d'un plan de campagne, il a été facile de recueillir des preuves de ses intrigues long-temps auparavant. Hé bien ! on n'a rien découvert qui pût faire naître un soupçon, sauf les témoignages dénonciateurs de Bouillet et de Parent, que nous détruirons tout à l'heure.

Passons au 1ᵉʳ février, la veille de l'événement. Il a dû être absorbé par la grandeur de l'entreprise, donner des ordres, tout préparer pour l'action. Que fait-il ? Il va rue Montagne Ste-Geneviève, chez le doreur Ménard, pour avoir deux cadres, dans lequel il désirait encadrer deux tableaux pour en faire hommage à M. le marquis d'Épinay de St-Luc ; sa femme ne le quitte pas, et l'on sait assez qu'une femme n'est ni la confidente, ni l'agent ordinaire d'une conspiration ; il va avec elle chez son marchand de couleurs, rue St.-Sévrin, régler ses comptes ; de là il la conduit rue Louis-le-Grand, pour la présenter au marquis d'Épinay à qui il avait annoncé sa visite ; il le prie de lui remettre, en ayant un pressant besoin, une somme de 60 francs montant du travail qu'il avait fait chez lui, lui offre les deux tableaux, et lui demande de prêter à sa femme son habit de maréchal de camp pour modèle de broderies, ou pour peindre une enseigne à son hôtel garni ; cet habit lui est prêté, mais *sans épaulettes.*

On a fait grand bruit de la circonstance que sa femme aurait ensuite envoyé le cocher rue de Sèvres, pour attendre deux individus ; que de là ce cocher aurait été envoyé rue Taranne ; mais soyons conséquens : de deux choses l'une, ou la femme Patriarche ne connaissait pas les relations soi-disant politiques de son mari, et alors que signifie cette circonstance? ou elle les connaissait, et alors pourquoi paraît-elle les ignorer dans la lettre qu'elle lui a adressée dans sa prison, et pourquoi lui demande-t-elle les noms et les adresses des personnes chez qui elle aurait envoyé le cocher? Il est vrai qu'un garde municipal fut accosté par le cocher, près du pont St-Michel, et que le cocher lui fit part de quelques soupçons; mais remarquez bien que ces soupçons, ne naissaient point de sa course ou de ses entretiens avec Patriarche, mais d'un propos que lui aurait tenu un cocher d'une voiture du *Delta*.

Ainsi, le jour fatal, ce chef de complot s'occupe de cadres, de tableaux, de son marchand de couleurs, de ses pratiques, il se promène en cabriolet avec sa femme, fait avec elle des visites, et va recevoir une somme de 60 fr., bien inutile assurément pour ajouter à ses ressources, s'il est le moteur et l'âme d'un complot.

Voyons maintenant ce qui se passe dans la soirée du 1er et dans la nuit du 1er au 2 février.

A minuit un quart, il monte dans un fiacre avec Colin et Collet; le point du départ est peu important, le cocher prétend que c'est près de la Croix-Rouge, lui au contraire, prétend que c'est au café de la Sorbonne, ce qui est plus vraisemblable, puisqu'ils y avaient passé une partie de la soirée. Suivons bien les mouvemens de ce fiacre, Messieurs, car il porte les destinées de la conspiration.

Une première station, dit le cocher Beyren, a lieu place de l'Observatoire, un des voyageurs qu'il ne désigne pas, descend cinq minutes, et remonte immédiatement.

Mais s'il est minuit et demi au moins, si Patriarche

est l'un des chefs d'un complot, il part nécessairement
pour l'action, il va donner des ordres, il a dû en donner à Bousselot, son instrument prétendu d'embauchage
qui, si l'on en croit Vassal, *attendait là son chef Patriarche*. Hé bien! l'officier de paix Vassal et tous les agens
de police qui étaient là, tout exprès pour surveiller, déclarent qu'ils n'ont point vu de fiacre de onze heures et
demie à deux heures, qu'ils n'ont pas vu donner de
mot d'ordre à Bousselot ou à d'autres qu'ils n'ont point
quittés.

Le fiacre s'arrête ensuite sur le pont du canal Saint-
Martin, nul ne descend, on se parle par la portière, et
ces prétendus chefs de conspiration ne daignent pas
mettre pied à terre pour s'entendre avec leurs prétendus agens. Delà on arrive rue des Trois Couronnes, l'un
d'eux descend et frappe légérement au n° 3o, à la
manufacture d'armes, personne ne se présente ni ne
répond. Quoi ! Messieurs, le moment de l'exécution
est venu, les conjurés viennent chercher des armes,
ils ont d'avance des intelligences assurées, et l'un d'eux
se borne à frapper légérement à la porte de la manufacture, et personne ne répond, et l'on repart immédiatement! Le cocher conduit ensuite place de la Bastille, c'est le lieu d'un rassemblement, on doit avoir
des ordres importans à y donner, le cocher s'y arrête
spontanément; n'arrêtez point, disent-ils, continuez,
et de là ils courent rues Charonne, Popincourt, Mé-
nilmontant, sans s'arrêter, ni parler à qui que ce soit.
Delà ils longent les Boulevarts, la porte St.-Denis,
place Notre-Dame des Victoires, le Carousel, la rue
Taranne, toujours sans s'arrêter ni parler à personne,
et arrivent enfin place St-Michel, où ils sont arrêtés à
quatre heures du matin ! ! étranges conspirateurs,

Messieurs ! quel est l'homme de bon sens qui puisse voir dans ces circonstances l'indice d'un complot, ou plutôt qui n'y voie pas la preuve de l'absence de tout complot?

Mais si Patriarche était chef ou agent d'une conspiration, il aurait dû prendre langue, rue des Prouvaires, en passant, et en venant de la porte St-Denis; comme il a dû aller à la Salpêtrière, de la place de la Bastille : non, il n'est allé nulle part et n'a parlé à âme qui vive.

Ceci fait douter que des rassemblemens aient été ordonnés, et en effet, le cocher vous a dit qu'il n'avait vu aucuns groupes.

Donc, il n'y avait point d'action de concertée et d'arrêtée du 1er au 2 février, donc il n'y a eu ni complot, ni attentat, car l'intervalle du 1er au 2 est le siége de l'accusation.

Que signifient dès-lors les individus isolés et arrêtés sur divers points de Paris?

On ne voit dans la promenade de Patriarche aucun lien ni avec les places de l'Observatoire, de la Bastille, de la Salpêtrière, du Carrousel, ni avec le café les Prouvaires. Donc il n'y avait rien de combiné ni l'arrêté.

Mais, dira-t-on, contre-ordre avait été donné. D'abord je remarque qu'il leur avait été impossible de savoir ce qui s'était passé rue des Prouvaires, puisqu'ils ne se sont arrêtés nulle part; et s'ils avaient connu le contre-ordre, ils seraient rentrés immédiatement chez eux, et n'auraient point ainsi promené jusqu'à quatre heures du matin leur inaction et leur inutilité dans un fiacre.

Enfin ce fiacre est arrêté place Saint-Michel à quatre heures du matin; on saisit sur Patriarche une petite bouteille d'eau-de-vie qu'il ne quitte jamais à cause de ses défaillances d'estomac, trois cartouches et 150 fr. Il est acquis au débat qu'il était sans armes.

Eussent-ils eu sabres, pistolets, poignards, cartouches, on n'en pourrait conclure le complot ou l'attentat; car ces courses nocturnes sans but, sans lien avec des conjurés, avec des points de réunion ou d'attaque, sans station ni mot d'ordre, détruiraient toute idée d'un complot ou d'un attentat. Quant aux trois cartouches, c'est assurément une chose fort insignifiante ou même fort ridicule en présence d'une telle entreprise; mais je ne puis ici me défendre du souvenir de *Contessenne*; et là où je vois si souvent la main de la police, je crois la voir glisser des cartouches dans la poche des conjurés.

Mais, dit-on, il avait cent cinquante francs; belle somme en vérité, messieurs, pour un chef de complot; vous savez d'ailleurs qu'il avait recueilli cette somme pour acquitter son loyer.

Mais on a découvert un paquet de ceintures rue Poupée, et des objets d'équipement militaire, parmi ceux qu'il avait donné ordre à Rédier d'enlever de la rue de Sèvres. Je réponds que si Patriarche avait été le chef d'un complot, dont l'exécution devait avoir lieu dans la nuit du 1er au 2 février, il aurait distribué d'avance ces ceintures à ses complices, et n'aurait pas couru en fiacre, ou du moins il aurait pris ce paquet de ceintures dans son fiacre pour les distribuer à ses hommes. Il n'en a rien fait, donc en admettant l'existence de ce paquet de ceintures, il est évident qu'il n'y a point eu de résolution, ni d'action concertée et arrêtée.

Voyons maintenant de plus près ce qui s'est passé place de l'Observatoire de minuit à deux heures du matin. La déposition de l'officier de paix Vassal comprend quatre assertions : le propos qu'il aurait entendu tenir à Bousselot, *nous attendons notre chef Patriarche et des armes*; le récit que Bousselot aurait fait d'une prétendue mission d'embauchage dont il aurait été chargé; la circonstance qu'il n'est point passé de fiacre sur cette place, et l'existence de rassemblemens.

Quant au prétendu propos de Bousselot : *nous attendons notre chef Patriarche*, il est invraisemblable en lui-même ; ou Vassal était là en sa qualité de conjuré, et il était censé savoir ce qui se passait, Bousselot n'avait que faire de lui dire *nous attendons notre chef Patriarche*; ou au contraire il venait d'arriver, et Bousselot devait se tenir sur la réserve ; d'ailleurs Vassal est contredit sur ce point par *Longé*, agent de police; ce dernier n'a point entendu parler de Patriarche, il n'a entendu parler que vaguement d'un embauchage, et cependant il a vu *Bousselot s'arracher les cheveux de désespoir de ce que les armes n'arrivaient pas*. Vous voyez Bousselot, messieurs, il ne paraît pas homme à s'arracher les cheveux pour un tel motif, et il est vraisemblable qu'il aurait beaucoup mieux aimé aller se coucher.

En ce qui concerne l'embauchage dont Bousselot aurait fait l'aveu, Vassal et le commissaire de police sont en contradiction; si Bousselot a fait un tel aveu à Vassal à la préfecture de police, en présence de l'agent de police *Dubié*, comment se fait-il qu'il ne l'ait pas réitéré un instant après devant le commissaire de police ?

Quant aux fiacres, l'officier de paix et ses agens n'en ont point vu, et cependant ils n'ont pas quitté Bousselot, et cependant Bousselot était l'instrument de Patriarche. De deux choses l'une : ou Patriarche a passé là en fiacre à minuit et demi, et alors il est avéré qu'il n'a point donné d'ordre, ni fait de signe de reconnaissance ; ou il n'a point paru de fiacres, et alors l'accusation manque même d'un indice.

Restent donc les rassemblemens : l'officier de paix et les agens de police ne sont point encore d'accord sur ce fait. Vassal accuse 200 hommes , Bouverel 40 ; Longé 60 , et Delaunay 3 ou 400.

Que conclure de ces exagérations et de ces contradictions? qu'il y a évidemment mensonge dans le but de faire croire à une conspiration. Ce qui paraît vrai, c'est que ces agens conspirateurs sont parvenus , à force de zèle , à réunir quelques jeunes gens , à les entraîner avec eux vers la préfecture de police , et à en cloîtrer quatre ou cinq comme pièces de conviction : voilà tout.

Mais le ridicule et l'odieux de telles manœuvres forment la preuve la plus complète de l'absence de toute résolution d'agir concertée et arrêtée entre des conjurés , indépendamment de l'action de la police.

Examinons maintenant , Messieurs, les déclarations de Bouillet et de Parent. Bouillet vous a dit qu'un nommé Monniot, garde municipal comme lui, maintenant soldat dans le 25 de ligne , l'avait engagé à s'aboucher avec Patriarche, au moyen du signe M. P... ; qui serait pour lui un moyen de gagner de l'argent; qu'il s'était en effet entendu avec Patriarche, et qu'en feignant d'accéder à ses propositions d'embauchage , il avait d'abord reçu de lui cinq francs ; qu'ensuite, il lui avait présenté son père qui désirait une place de portier et qui était dans la misère, que Patriarche avait donné tant à lui qu'à son père un secours de cinquante francs. Quand le contenu de cette déclaration serait entièrement vrai, Messieurs, on n'en pourrait rien conclure contre l'accusé, il resterait toujours comme un obstacle insurmontable à l'accusation la certitude qu'il ne s'est rien passé dans la nuit du 1er au 2 février, de la part de Patriarche, qui fût relatif à un complot ou à un attentat. Mais cette déclaration est évidemment mensongère; le soldat Monniot a formellement démenti ce signe d'intelligence et ce fait d'embauchage; il ne reste donc que la noire ingratitude de Bouillet, et ce n'est pas un titre à la confiance en présence de la dénégation de *Monniot*, surtout si l'on considère qu'il s'est porté dénonciateur de Patriarche, et que sa dénonciation doit être appuyée de preuves.

La déclaration de Parent ne mérite pas plus de créance; il avait, dit-il, des relations avec madame la comtesse de Sérionne et Florimont, son valet de Chambre, il a pris l'initiative en leur offrant d'embaucher un grand nombre d'hommes; mais c'était une feinte, il voulait seulement les compromettre, et surtout leur soutirer de l'argent. Il en demandait donc instamment en enflant son nombre d'hommes; enfin un rendez-vous lui est donné le 1er février; Patriarche est seul avec Florimont qui lui présente Parent comme un embaucheur actif; Patriarche tire alors trente francs de sa poche et les lui donne, en lui disant *d'en faire un bon usage*. Du reste, pas un mot ne sort de la bouche de l'accusé de relatif au complot, au but de ces réunions d'hommes; il ne donne aucun ordre à Parent qui affirme qu'il ne fut question de rien. Tout cela est-il vraisemblable, Messieurs? n'est-il pas évident que si Parent avait réuni cent-cinquante hommes, que si Patriarche était chef, s'il lui avait donné un rendez-vous le 1er février à cinq

heures du soir, ils ont dû s'expliquer ensemble sur la destination de ces hommes, sur les opérations de la soirée, que Patriarche a dû leur donner des ordres......
Cette déposition tombe donc d'elle-même, surtout quand on considère que *Parent* n'est qu'un agent provocateur, qu'il avait, dès le 5 janvier, fait sa dénonciation à la police contre madame de Sérionne et Florimont; son témoignage isolé, ne fût-il pas absurde, ne mériterait aucune confiance.

Reste donc *Rédier*, à qui l'on suppose que Patriarche a dit dans la soirée du 1er février : *Si demain, il n'y a rien de nouveau, tu iras chercher mes effets rue de Sèvres*; à qui Patriarche aurait dit : *que lui Rédier aurait sous peu les épaulettes d'officier.* Je ferai remarquer d'abord que si l'on veut induire de cette double circonstance l'existence d'un complot, la base est bien ridicule. Quoi! promettre des épaulettes d'officier à Rédier qui sait à peine lire et écrire; mais qu'a-t-il fait pour gagner ces épaulettes dans la nuit du 1er au 2? où était-il? Quels ont été ses rapports avec Patriarche qui n'a pas quitté son fiacre ? Ensuite il charge Rédier d'aller chercher ses effets pour les porter rue Poupée; mais pourquoi ne pas donner ce soin à sa femme? Pourquoi les porter rue Poupée, et non rue Saint-Victor? Tout cela paraît bien absurde. Mais un paquet de ceintures et d'effets d'équipement militaire se trouvaient dans ce paquet; pièces de conviction ! Même réponse que ci-dessus, en ce qui touche les ceintures et les effets militaires, on en aurait fait usage; mais a-t-on oublié que Patriarche ne réclamait que son habit et son manteau, qu'il n'était question que de ces deux objets dans une de ses lettres à sa femme? Si l'on réfléchit d'ailleurs que Rédier a vendu ces objets pour en mettre le prix dans sa poche, sa déclaration mérite bien peu de confiance; dans tous les cas, elle est sans objet en présence de l'inaction de l'accusé dans la nuit du 1er au 2 février.

Ainsi tombent ces témoignages auxquels on paraissait attacher tant d'importance; et l'accusation est réduite à invoquer d'autres témoins muets, des témoins que la police a eu soin de se créer à elle-même; je veux parler des lettres écrites par Patriarche à sa femme lorsqu'il était au secret.

Examinons d'abord l'origine de ces lettres : Patriarche était au secret; sa femme ne pouvait communiquer avec lui sans la permission de la police; elle imagina, ou plutôt on lui fit imaginer une boîte à double fond, dans laquelle elle déposerait ses lettres à son mari en lui envoyant sa nourriture. Quelque ingénieuse que soit la tendresse conjugale, cet artifice sent une industrie exercée, et prouve assez que des conseils de police le lui ont soufflé; on a nommé les agens. Qu'arrive-t-il? La police se trouve précisément là, guettant la boîte au passage, et puis elle l'ouvre, elle trouve la cachette, les lettres, copie ces lettres, replace les originaux, et laisse se continuer ainsi la correspondance jusqu'à ce qu'elle ait surpris ou cru surprendre tous les secrets des deux époux. Abominable manœuvre, Messieurs! et ici j'invoque toute la puissance de cet honneur, de cette pudeur judiciaire qui ne souffrent pas que la magistrature adopte d'aussi infâmes moyens de conviction. Sans doute vous ne devez compte à personne des moyens par lesquels votre conviction s'est formée, mais il faut avant tout que ces moyens soient honorables. Ces pièces doivent donc, sans qu'il soit besoin d'en examiner le fond, être rejetées du débat : il n'y a d'ailleurs au dossier que des copies et point d'originaux; ces copies peuvent être infidèles, rien n'en garantit l'authenticité; que Patriarche les ait avouées, cela ne prouve pas que sa mémoire ne l'ait pas trompé lui-même sur une infinité de noms et de détails.

Mais d'ailleurs que signifient ces lettres en elles-mêmes? Parcourons-les. Dans la première on lit: *Tu me me demandes des adresses, en voilà*, et il énonce plusieurs noms accompagnés des numéros de domiciles. Quelque suspects que soient ces noms à la justice, s'il eût cédé aux instances de sa femme qui lui demandait le motif de son arrestation, il lui aurait dit: *Tu me demandes la cause de ma détention, de ma ruine*, eh bien! ce sont tels et tels; ils m'ont engagé dans telle ou telle entreprise; nous devions exécuter tel projet, etc... Il n'en a pas dit un mot, donc cette liste d'adresses n'avait pas d'autre objet que de demander des secours dans la triste situation où il se trouvait.

Tu leur diras que ce n'est point ainsi que l'on arrange les personnes qui se sacrifient tant. De quels sacrifices parle-t-il? s'est-il sacrifié dans la nuit du 1 au 2 qu'il a passée dans un fiacre? qu'a-t-il fait? Il est donc évident qu'il ne parle que de ses sacrifices passés, de son opinion et de son dévouement bien connus.

Tu leur demanderas si c'est moi qui dois faire les frais de mon jugement. Ne perdons pas de vue qu'il est sous l'empire du prestige des promesses de cet agent de police qui, en présence du faux aide-de-camp du maréchal V..., s'est fait passer pour Verneuil fils; cet agent lui a donné beaucoup de noms, parmi lesquels plusieurs sont inconnus à l'accusé. Peut-être lui a-t-on fait tenir quelques propos indiscrets; il doit naturellement regarder les personnes qu'on lui a nommées comme l'ayant compromis elles-mêmes par des indiscrétions ; il ignore que c'est la police qui a noué ces relations factices.

Tu lui diras que M. de Pressigny ne doit pas nous laisser dans un semblable embarras. Quel est ce M. de Pressigny ? Patriarche ne l'a jamais vu ; il n'est point impliqué dans l'affaire. C'est donc évidemment le résultat du conte qui lui avait été fait.

Je crois que la perssonne qu'il faut voir est M. de Brúlart ; il a reçu de l'argent ; je crois que nous avons été joués. Ici, il ne s'exprime plus que sous la forme du doute ; il *croit* que la personne qu'il faut voir est M. de Brûlart ; il *croit* qu'il a été joué. N'est-ce pas là une preuve complète de son innocence ? Il n'a donc pas reçu d'argent ; il n'a donc pas embauché ; il n'avait donc pas d'intelligences, ni de complices. Donc ses expressions n'ont de rapport qu'à son dévouement et à ses titres passés.

La crainte de mes amis que je ne leur fasse du tort ; ils ont donc bien peu de confiance en moi ; qu'ils apprennent à me connaître. Il aurait dit : Mes amis craignent que je ne dévoile l'affaire, que je ne fasse connaître ceux qui m'ont poussé à cette entreprise. Il ne dirait point : Ils craignent que je ne leur *fasse du tort* par mes indiscrétions ou mes propos dans la position où je me trouve placé. C'est, en effet, une crainte naturelle, même dans le cas de la plus complète innocence.

Les personnes qui m'ont abandonné, c'est M. de Fourmont et M. de Pressigny. Mais y a-t-il dans cette affaire trace de rapports entre Patriarche et MM. de Fourmont et de Pressigny ? Abandonné, quand, comment ? il n'était point avec eux.

— Tu me demandes l'adresse de la personne qui est venue me voir avec le fils de M. Verneuil ? il se nomme

Lescuyer; je le crois aide-de-camp du maréchal V....
Voilà les deux agens de police qui ont rempli sa tête et
sa mémoire de noms et de promesses illusoires.

*D'après ce que j'ai entendu dire, la personne du
n° 68 pourra t'en dire quelque chose.* S'il était chef de
complot ou d'une action parlerait-il de la sorte ? Il dirait : *Je sais, je suis certain que*, etc. Donc il ignore
les ramifications les plus simples de cette prétendue
conspiration; donc il n'est initié à rien.

*Tâche toujours de te faire donner des secours; le
n° 68 en est la source.* Voilà le grand, l'unique objet
de ces lettres ; vague et obscurité sur tout le reste ; absence totale de ce ton de décision et de certitude sur les
personnes et les choses qu'aurait eu nécessairement un
conspirateur.

*J'apprécie les bons offices de Bousselot ; il a fait son
devoir à l'acquit de sa conscience.* On se souvient que
Bousselot avait eu l'attention de le suivre pour lui prêter secours dans le cas où il serait menacé d'une attaque
à la suite d'une rixe qui avait eu lieu entre lui et deux
agens provocateurs ; voilà la source de sa reconnaissance. Mais la seconde partie de cette phrase détruit
le sens que l'on voudrait attacher à la première. Si
Bousselot a fait son devoir à *l'acquit de sa conscience*,
il a donc dit la vérité, et n'a donc pas entendu rendre
un bon office à Patriarche.

*Quant à mes effets, c'est en partie la faute de Colin
qui portait assez souvent mon habit et mon manteau.*
Vous le voyez, Messieurs, il n'est point question ici
d'objets d'équipement militaire devant servir à un coup
de main, et s'il insiste, c'est pour que son manteau et
son habit lui soient rendus, c'est pour que l'habit de
M. D'Épinay lui soit reporté.

N'oublions pas d'ailleurs, Messieurs, que ces lettres ont été écrites sous l'influence du désespoir ; il se croyait compromis par ce faux aide-de-camp, par ce faux de Verneuil fils, par tous les noms qu'on lui avait indiqués. Il les jette alors pêle-mêle dans ses lettres, et pourtant pas un mot de complot ; pas une indication à sa femme qui lui aurait demandé une confidence. Il veut calmer sa femme, la consoler, s'excuser peut-être de sa crédulité ; il lui débite une histoire sans faits, sans vraisemblance ; ses pensées de la veille, comme le dit M. Servan, ne seront plus celles du lendemain ; ses impressions du moment ne dureront qu'un moment ; son imagination vient au secours de sa colère ou de sa douleur, et lui suggère des choses incohérentes et fictives ; le même ton d'assurance relativement à tels ou tels individus dont il a parlé dans sa première lettre, n'existe déjà plus dans la seconde et troisième. Dans la dernière il parle sous une forme dubitative : *Je crois, j'ai entendu dire.*

Si, en effet, Patriarche avait été l'agent des personnes désignées, n'en aurait-il pas reçu des sommes considérables pour exécuter de tels projets ? Il n'aurait donc pas demandé des secours. Cette demande de secours, ces reproches prouvent jusqu'à l'évidence qu'il n'a rien reçu pour embaucher, donc il n'avait avec ces personnes aucun rapport relatif à un complot ou à un attentat.

D'ailleurs, de quel poids peuvent être ces lettres si équivoques dans leur origine et dans leur contenu, en présence des faits de la nuit du 1 au 2 ? Qu'on en tire toutes les inductions qu'on voudra, qu'on y voie un complot qui n'y est pas, toujours est-il que rien de semblable n'a eu lieu dans la nuit du 1er au 2, et que tous les faits de la conduite de l'accusé le justifient.

Passons au papier saisi chez Cauchart, inconnu à Patriarche, à cette pièce jetée tout à coup dans le débat à la fin de ce débat, et dans laquelle on lirait on ne sait pourquoi le récit du plan de campagne de Patriarche, tracé par le chiffonnier Cauchart lui-même. J'applique à une telle pièce, obtenue par la violation du domicile de Cauchart, les mêmes réflexions qu'aux lettres dont on a violé le secret. Il y a quelque chose d'infâme à violer le domicile des citoyens pour se procurer les élémens et non point la preuve d'un crime. D'ailleurs on ne produit ici qu'une copie, dont l'original ne m'a point été communiqué. Cette pièce, eût-elle un caractère d'authenticité, est toute personnelle à Cauchart, qui ne connaît point Patriarche, et qui déclare n'avoir jamais eu de rapports avec lui. Elle fait partie d'une instruction à peine ébauchée où elle peut être contredite, réduite à rien; on ne peut donc la produire comme élément de preuve dans une instruction terminée. Enfin, elle est contradictoire avec ce qui s'est passé dans la nuit du 1 au 2, et l'inaction complète de Patriarche réfute assez le système d'attaque qu'on lui prête dans cet écrit.

Voilà, Messieurs, les charges que l'on a fait peser sur Patriarche. Quand elles seraient vraies dans leur entier, il ne serait pas possible d'en rien conclure dans le sens d'une accusation de complot ou d'attentat; à plus forte raison ces charges s'évanouissant d'elles-mêmes.

Il faudrait que ces faits se liassent d'ailleurs avec *un concert universel*, avec ce qui se serait passé rue des Prouvaires, place de la Bastille, de l'Observatoire, de la Salpêtrière. Ce lien serait nécessaire pour que l'on pût supposer un complot; car n'oubliez pas qu'on ne peut vous demander d'une manière abstraite : *Y a-t-il eu un complot entre deux ou plusieurs personnes*, INDÉPENDAMMENT DES FAITS DE LA CAUSE? Mais résulte-t-il des faits de la conduite des divers prévenus qu'un complot ait été formé? et ensuite, des faits personnels à Patriarche, qu'il s'en soit rendu coupable? Bien loin qu'elle existe cette liaison, les faits particuliers à Patriarche l'excluent; le fait d'une course nocturne en fiacre depuis minuit jusqu'à quatre heures du matin, sans ordre donné à qui que se soit, sans s'arrêter un seul moment pour l'exécution, et le fait d'une attaque contre les Tuileries, passez-moi l'expression, Messieurs, ces deux faits *hurlent de se trouver ensemble*. Donc il n'y a point eu de complot, donc point d'attentat.

Y eût-il eu complot, il n'y aurait point pour cela *attentat.* Les faits relatifs à Patriarche doivent se combiner avec tous les autres pour constituer une tentative d'exécution ; or, il y a incompatibilité entre ces faits ; à plus forte raison l'exécution ou la tentative qui constituent l'attentat, étant inséparables de la mise en action même du complot, et ne pouvant consister dans des actes commis ou commencés pour en préparer l'exécution.

C'est pourtant sur de telles données, Messieurs, que Patriarche a été présenté comme l'instrument principal d'un complot et d'un attentat, que depuis six mois il languit dans les prisons, que son état est perdu, son industrie détruite, que sa femme et ses enfans sont en proie au désespoir, que sa femme elle-même a été plongée dans les cachots, et qu'après tant de rigueurs que rien ne justifie, on en fait encore aujourd'hui le principal objet de l'accusation.

Vous aurez fait sans doute, Messieurs, une réflexion

qui prouve à elle seule toute la misère de cette accusation, et qui forme l'argument le plus éclatant en faveur de la justification de tous, c'est que toutes les charges pèsent sur Patriarche; c'est contre lui que la police a dirigé ses plus accablantes investigations; ah! sans doute qu'on aura cru avoir plus facilement raison de sa faiblesse; et pourtant ces charges n'ont pas soutenu l'épreuve de la discussion, ni la lumière du simple bon sens.... que n'en doit-on pas conclure à l'égard des autres accusés ? et ne devrait-il pas être à jamais fait justice de ces conspirations carlo-républicaines ou républico-carlistes, quand on a été réduit, dans une affaire aussi immense, à s'attacher ainsi à Patriarche!...

Mais la loi, les principes qui couvrent de leur appui tutélaire tous ces prévenus, les faits, et pardessus tout votre loyauté le protégent.

Vous rendrez à une femme qu'il adore un mari qui ne respire que pour elle, et dont la perte même ne pourrait être attribuée qu'à cet excès de tendresse.

Vous rendrez un père à ses enfans, qui n'ont que lui pour appui, auxquels il doit l'exemple de ses vertus domestiques, et les secours que leur affreuse situation réclament.

Vous rendrez à la patrie un brave qui a fait toutes ces campagnes de Russie et d'Allemagne, qui lui procurèrent tant de gloire, et qui, bien que couvert d'honorables blessures saurait retrouver encore de ce sang et de ces forces glacées par les frimas de Moscou pour défendre son indépendance.

Vous le rendrez à lui-même, car hélas! pourrait-il vivre séparé de ces chers objets de son amour, et ne mourrait-il pas de mille morts en se voyant privé des moyens de les faire vivre?

Vous l'avez vu, Messieurs, Patriarche n'a point une âme ordinaire, il n'est pas un de vous qui ne l'honorât de son amitié, qui n'avouât la sienne, qui ne lui accordât toute sa confiance et qui ne lui livrât, dans un moment de péril, tout ce qu'il aurait de plus cher ; vous lui confieriez même la garde du prince. Oui, Messieurs, Louis-Philippe lui-même, si sa vie était menacée, n'hésiterait pas à en confier la garde et le dépôt à ce Patriache si dévoué à la branche aînée des Bourbons ? Comment donc pourriez-vous déclarer un tel homme criminel, et le vouer à l'infamie ? Non, cela est impossible ; il y a une barrière insurmontable entre l'honneur et l'échafaud, et si la politique vous demande de la franchir cette barrière, repoussez avec horreur ses barbares exigences ; rappelez-vous, MM. les jurés, que vous êtes les juges de la politique elle-même, et que votre conscience, dominant les passions et les intérêts humains, ne relève que du ciel.

www.ingramcontent.com/pod-product-compliance
Ingram Content Group UK Ltd.
Pitfield, Milton Keynes, MK11 3LW, UK
UKHW021649130726
13696UKWH00004B/1492